あらゆる人生に
奇跡を起こす
不思議な物語

超常戦士ケルマデック

「新しい世界」へと誘う語り部
ケルマデック

M.A.P.

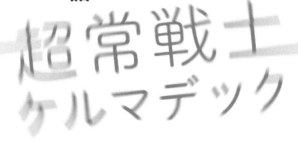

はじめに

本書を手にとった人は不思議に思うかもしれませんね。

「超常戦士ケルマデックって何？」「何者？」と。

「超常戦士」に関してはここでは説明しません。ひょっとしたら、本書を最後までご覧になればわかるかもしれません。

「ケルマデック」は、映画『日本沈没』に登場する架空の深海調査艇の名前からとりました。

本書は、私ケルマデックがさまざまな不思議な話を語っていくスタイルをとります。不思議な話、とはいえ、すべての話は私たちの日常と密接に関わり合っています。

本書を読み終わる頃には、**目に見える世界が変わり、自分の望むものが前よりも簡単に手に入るようになっている**かもしれません。

それではひとつ、実例をあげてみましょうか。

例えば、「4つのルール」の話です。

友人が、「今の仕事がイヤでイヤで仕方ない、何をしていいかわからない」というのでね。

私は彼に、「4つのルール」を提案したのですよ。

「まずは**ルールその1。今、一番したいことをする**のだよ！」

「その一番したい仕事が何なのか、わかんないんだよ！」

「それだ！今すぐにパスポートをとってきて、アメリカに行ってくるのだ！」

「二番目か……そういえば、ずっと、アメリカに行きたいと思ってきたんだが」

「**ルールその2。わからないことはしなくて良い**のだ！二番目にしたいことをするのだよ」

「時間もお金もないからできないよ」

「**ルールその3。できないことは、しなくて良い**のだよ！では、三番目にしたいことは？」

「三番目かぁ……結婚、したいな……」

「今すぐに、平安閣か玉姫殿で、結婚式場の見積もりをもらって来るのだっ！駆け足っ！」

「オレ、彼女がいないよっ！」

「ルール3適用の案件としよう。次のしたいこと、四番目は何かな？」

「車が欲しいかな。三菱のパジェロが欲しいなあ」

「今すぐに、ディーラーの吉田君のとこに行って見積もりをもらってくるのだ！」

「実は先日、吉田君のとこで見積もりしてもらったんだよ。金額的に、ちょっとキツいかな」

「**ルールその4。無理はしなくて良い**！だな。では、五番目のしたいことは？」

「東京でライブに行きたいかな。でも、今は時間もお金もないなあ」

……やがて、一五番目のしたいことにたどり着いたのですよ。

「一五番目のしたいことは？」

「……美味しいコーヒーが飲みたいな」

「ならば、それが君の、今一番したいことなのだよ。コーヒーを飲みに行くのだ！」

・・・・・・・・・・・・・・

彼は、ブルマンという喫茶店に行き、深く味わいながら**コーヒーを飲んだ**のです。一杯のコーヒーを味わっていたある日、そこで、東京にいるはずの友人に出会ったのですよ。

「今回、車で帰ってきたんだけどさ、良かったら一緒に東京行かない？」

彼は**東京でライブ**に行き、そこで、京都から来た**女の子と出会った**のですよ。

彼女と遠距離恋愛を始めてすぐ、農協に勤める友人がこう言ってきたそうです。

「オレ、今、ローン担当なんだけど、農協ローンで**三菱パジェロ**、利息メチャ安いで!」

ゲットしたパジェロで彼女とデートを重ね、やがて**結婚**することになったのですな。

そんなある日、彼女がこう言いました。

「私の叔父さんが、輸入の仕事をしてるんだけど、手伝わないか?って言われてるの」

彼女と一緒に叔父さんに会いに行った時、叔父さんは彼に、こう質問されたのですよ。

「キミさ、まさかだけど、ハングルとか喋れる?」

「いやあ、ハングルはできません。英語は得意ですけど」

「キミ、英語得意なの〜っ? じゃあさ、**ボクとアメリカ行かない?**」

結局、彼はアメリカに行って、叔父さんの仕事を手伝うことになったわけですな。

今、彼は、世界中を走り回ってますね。一番したいことをしているそうですよ。


いかがですかね?

「そんな都合のいい話、あるわけないだろ?」

とお思いかもしれませんな。

本書を最後までご覧になったら、「あるのかもしれない」と思うかもしれません。

じつは、この世界は、何でもありなのかもしれないのですよ。

ある臨床心理士が、私にこう言ったことがありました。

「それまで私は、不思議な体験をしたという人に、ほとんど出会ったことがありませんでした。たまに出会っても、それは妄想的なケースしかなかったのです。しかし、ケルマさんに出会って以来、さまざまな不思議体験をした人たちに出会うようになりました。そして、私自身も不思議な体験をするようになったのです」


人はみな、自分が思い込んでいる制限された世界だけを体験しているのかもしれませんな。

その世界にハマっている間は、それ以上のことは、なかなか起こらないのです。

しかし私は、**この世界は何でもあり**だと考えているのですよ。いわゆる奇跡と思えることも、ありだと考えているのです。その方が断然、おもしろいからね。

そして実際、それは起こるのですよ。この本を読んでくれるみなさんに、それは起こってくるのです。そのための仕掛けが、この本には施してあるのですよ。

まあ、楽しんでみてください。

この世界には、何か、**目に見えないカラクリがある**と考えているケルマさんです。

Contents ｜ 超常戦士ケルマデック

Chapter 3 自己宣言

「強く言い切る」と本当にそうなってしまう、という話。

Chapter 4 多次元宇宙

世界は無数にあって、好きなものを自由に選べる、という話。

Chapter 5 ホロン

あなたが変われば、世界は変わる。だってつながってるから、という話。

Chapter 6
進化
人類を進化させるのは、精神病と触れ合いとハチミツだ、という話。

Chapter 7
地球統合計画
日本の役割と変性意識と432ヘルツのちょっと不思議な話。

Chapter 8

ホリスティック医療

遺伝子は自分で選べるし、肉体はイマジネーションで変えられる、という話。

Chapter 9 遊び

新しい世界への扉を開く鍵は、無駄とワクワクだ、という話。

Chapter 10 ビジョン

我々は、この世の常を超える中二病の戦士である、という話。

Chapter 1

シンクロニシティー

「偶然の一致」は自分で起こせるし、
運命は思いのままに操れる、
という話。

シンクロニシティーって？

ある美容師の女性が、離婚問題を抱えて苦しんでいました。

ある日、彼女が車を運転していると、タイヤがパンクしてしまったのですよ。路肩に車を寄せて困っていると、一人の男性が通りがかり、タイヤ交換を手伝ってくれたのでした。

数日後、彼女は離婚問題を相談するための弁護士を紹介されたのですが、その人物は、タイヤ交換を手伝ってくれた男性だったのです。

こういう現象を、シンクロニシティーと言うのですよ。

＊シンクロニシティー＝心理学者のユングが名付けた、意味のあるように見える偶然の一致の現象。

友人のスーパータカオさんが、こう語りました。

「シンクロニシティーはしょっちゅう起こっています。ケルマさんが言ったように、シンクロニシティーという現象を認識して注意するようになってからは、たくさんの偶然の一致が自分の生活に起こっているというのがわかってきました」

「シンクロニシティーは、**認識することによって起こりやすくなる**からね」

「しかし、このシンクロにどんな意味があるのか、わからない時があるんですよ。きっと、何か意味があるのだとは思うんですが」

「そうですな。ここで多くの人が、シンクロニシティーの意味をつかめないと言って止まってしまうのです」

「なぜでしょうね？」

「それは、シンクロニシティーを起こす無意識のパースペクティブが、意識とは若干違うからかもですな」

「パースペクティブ、**つまり視野のこと**ですね」

スーパータカオさんは、進学塾で英語を教えているだけあって、さすがに横文字には強いのですよ。言葉というのは、難しいものですな。今から三五年前に、私が公の場で「シンクロニシティー」という言葉を使いはじめた時には、誰も理解してくれませんでした。

夏目漱石の『我輩は猫である』に、クシャミ先生が奥さんとケンカするシーンがありますがね。自分が劣勢だと感じたクシャミ先生は、奥さんに対して、

「それだから貴様はオタンチン・パレオロガスだと云うんだ」

と、怪しげな横文字を使って奥さんを煙に巻いてしまうのですよ。

そんな**怪しい言葉だった**シンクロニシティーも、今では一般的に認識されるようになってきました。これは、実はすごいこと。人間の認識能力が、急激に進化しつつあるのです。

本当を言えばシンクロニシティーだって、日本的に**「縁」**と言えばわかりやすいのだけど、ここではユング先生に敬意を表してシンクロニシティーとしておきますかね。

視野を広く持って見る

「パースペクティブ、つまり**物事を見る範囲**のことですな。例えば、絶対今年中に結婚相手を見つけて結婚するんだ！と決心したら、その日のうちに偶然ある異性と出会った。でもだからといって、その異性が結婚相手に違いないって思い込むのは、短絡的ですな」

「そうですね」

「でも、決心したその日のうちに出会ったのは、何か意味があるのかもしれない。もしかすると、**その男性をきっかけに別の出会いに繋がるかもしれない**のですよ。つまり、パースペクティブを広く持って見るのだよ」

「なるほど」

「具体的にはね、**シンクロ日記**をつけてみるのだ！」

「日記ですか？」

「シンクロニシティーの中には、すごく意味のわかりやすいものもありますがね。たいていはよくわからないし、何の意味があるかわからないけど、とにかくシンクロニシティーだ！っていうのが圧倒的に多いのですよ。そこで、**シンクロが発生したら忘れないうちに日記形式で書き留めておく**のだよ。そうしないと、シンクロニシティーは無意識の情報だから、朝見た夢がお昼には思い出せなくなるのと同じように、忘れてしまうのだね」

「書き留めていったら、どうなるのですか？」

「パースペクティブが広がるのだよ。おもしろいことに、何日か書き留めると、今まではわからなかったひとつひとつのシンクロが、**まるでジグソーパズルのピースのように繋がって全体像が見えてくる**のだよ。場合によっては、そのジグソーパズルが何ヶ月、いや何年も何百年もかかる大作だったりするかもしれないがね」

「そんな大きなパースペクティブ、人間が持てるものなのでしょうか？」

「人間ではないかもだねぇ。J・C・リリーという脳神経学者は、シンクロニシティーを管理する地球偶然管理局（ECCO）が存在する！などと自伝に書いているのだ。それはいいとして、まずはシンクロ日記を紹介しよう」

ある女性のシンクロ日記（抜粋）

四月一八日

今日、友達が**ピーターパン**（というパン屋さん）**のパン**を持って遊びにきた。
すると、別の友人が電話してきて、「大山のペンションに遊びに行かないか」と誘ってくれた。「どんなペンションなの？」と聞いたら、彼女は「**ペンション・ピーターパン**ってとこよ」と言った。

五月三日

みんなで**ペンション・ピーターパン**に泊った。
あとでわかったのだが、私も含めて、みんな離婚体験者だった。

五月四日

ペンションから家に帰ってきて留守電を聞いたら、友人がメッセージを入れていた。
「今度の休みに**ペンション・ピーターパン**というところに泊まりに行きます」というものだった。

五月一二日

前の旦那のお母さんが、うちに寄られた。
子供に**ピーターパンのビデオ**を持ってきてくれた。

五月一四日

自分では、この**ピーターパン・シンクロ**をいまいち理解できないので、ケルマさんのところへ行ってきた。
私が部屋に入るとケルマさんが本を読んでいた。
『**ピーターパン症候群**』という本だった。

七月一六日

まだ**ピーターパン・シンクロ**が続いている!
やたらと**ピーターパンに関するもの**が、私の生活にやってきている。
一体私に、何を伝えたいのか、わからない。

一〇月六日

あることがきっかけで、子供の頃からやってみたいと思っていた仕事の面接に行くことになった。幼稚園の仕事だ。キャリアはぜんぜんないから、受かる自信はぜんぜんなかったけど、ダメもとで行ってみた。**すると玄関に、大きなピーターパンの絵が描いてあった。**

「これはいけるかもしれない!」と、妙な自信が湧いてきた。

スーパータカオさんは言いました。

「その女性は、どうなったんですか?」

「うむ、その幼稚園で仕事するようになったのだよ。毎日楽しくて充実しているようだね」

「良かったですね!やはり、大きなパースペクティブが必要なのですね」

「彼女のシンクロには、セレンディピティーが機能しているのだよ」

「**せれんでぃぴてぃ?** 日本語ではどんな意味なのですか?」

セレンディピティーって何?

「いや、この言葉は日本語に訳しにくいのだよ。現象としては、**いわばシンクロニシティーの進化形。**ホーレス・ウォルポールという作家が提唱した造語ですな。彼が子供の時に読んだ『セレンディップの三人の王子』というこんな童話にちなんだものだよ」

昔々、セレンディップ（今のセイロン）という国に、三人の王子がおりました。

この王子たちは王様の命令を受け、あるものを探しに行きます。

しかし、いろんなことが起こって、はじめの目的以上の素晴らしいものを手に入れてしまうのでした。

「つまり、セレンディピティーとは、**思いもよらない掘り出し物を見つける現象**のことなのだよ」

「セレンディピティーは、シンクロニシティーより高度な現象なんですか？」

「我々が、『あっ、これはシンクロだ！』と認識できるのは、過去の体験のパターンと一致したり、比較したりできるからなのだよ。ところがセレンディピティーでは、**過去の認識や過去のパターンにないもの**が出てくるのだ。つまり、とても創造的なのだ」

「う～ん、ということは？ 新しいものが出てくるということ？」

「例えば、スーパータカオさんが無人島に住んでいて、食材が、ご飯とエビとカニしかない状態だと考えてみよう」

・・・・**妄想劇場**・・・・

君は毎日、『今日の夕飯は何にしよう?』と考える。

「エビカニ丼、カニチャーハン、エビ御飯、カニの刺身、エビの刺身、カニ御飯、エビカニエビカニ」

やがて最後には、パターンが決まりきって飽きてしまうのだ。ところがある日のこと、君はたまたま海で溺れかけ、**気がついたら手にアワビ**を持っていた。すると、アワビという食材が今までのパターンを打ち破って、君の食生活を新しいものにしはじめる。

・・・・**妄想劇場終了**・・・・

「つまり、セレンディピティーには、**パターンを打ち破る力**があるということですね!」

「そう!人間はつい、やり慣れたパターンにはまってしまうのだ。ところでスーパータカオさん。君、一輪車は乗れるかな?」

「いやあ、とんでもないです」

「乗ったことは?」

「いやいや、ほんとに、とんでもないですから」

「乗ったことない人は、乗れないと言えないのだよ。パターンにはまってしまうと、『**やったことがない**』**イコール**『**できない**』**イコール**『**やりたくない**』という反応が機械的に起こるようになってしまうのだ」

シンクロした時は、やりたいと感じなくてもやる

スポーツ好きなある男性がいました。

しかし最近では、どれも飽きてしまい、退屈だと感じていたのですよ。今までは夢中でやっていたバレーも野球もサッカーも、なんだか情熱を感じなくなっていたのです。

そんなある日、彼は、自分の生活に**スノーボード関係のシンクロニシティー**がたくさん発生していることに気がついたのですよ。

スノーボード自体は、たいしてやりたいとは感じないものだったけど、このシンクロニシテ

ィーには**何か意味があるのではないか**と思い、スノーボードをやりはじめたところ、すっかり夢中になってしまったのですな。
その後、彼はスノーボードの大会で知り合った人の紹介で、スポーツジムのトレーナーをすることとなり、やがてそのジムで出会った女性と**結婚した**のです。

シンクロ① 解決できなかった問題がまた起きる

「**修正反復**と、私が名付けた現象があるのだよ。わかりやすく言えば、過去に未解決の問題があった場合、**未来において同じような状況を再現し、乗り越える**という現象ですな」

「はいはい、たしかにありますね」

「例えば、まだ私が二〇代前半のこと。仕事で岡山の津山市に行った時のことだがね」

その日、仕事が思ったより早くに終わったので、私は近くにある鶴山公園に立ち寄り、孔雀を見ていましたがね。孔雀を見ていたら、たまたまそこで同じように孔雀を眺めていた、若い女の子に出会ったのですよ。しばらく話をしましたが、その女の子がこう言いました。

「私は心臓が弱いから、仕事をしたいけどできないのです」

当時も今も、私はまだまだ若造でね。

その女の子に、偉そうにこう言ってしまったのです。

「君は、甘えてるだけだよ！ 仕事してみたら、いいじゃないか！」

当人の気持ちをわかってあげないまま、そんなことを言ってしまったのですよ。

家に帰ってから後悔しましたね。

もっと、相手の気持ちを汲んであげるべきだったなあと、後悔したのですよ。

しかも、名前も連絡先もわからないので、どうしようもなかったのですね。

一年後、また津山市で仕事があり、わりと早くに仕事が終わったので鶴山公園に行き、孔雀を見ていました。そしたら、**一年前の女の子とは別の女の子に出会った**のですよ。

その女の子が言いました

「私は病気があるので、仕事したいけどできないんです」

私は一年前とは違う対応を、その女の子にしたのですな。

過去の未解決だった問題は、修正するために現れてくるのです。

「シンクロニシティーは、自分自身の過去を客観的に見せてくれることもあるのだよ」

「それ、何となくわかります。自分が何かの問題を克服したら、同じ問題を持ってる人に出会ったりしますよ。この人、過去の僕みたいやなあ〜って思ったりしますね」

シンクロ② 過去の自分の状態を再現する

「ケルマさん、今日おもしろいシンクロがあったわよ」

友人のへモ子が電話してきたのですよ。

「なんです？ いきなり」

へモ子は、マシンガンのごとく喋くりました。

「喫茶店でコーヒーを飲んでたら、カウンターに座ってた女の子が**いきなり泣き出して**ね。喫茶店のママが、どうしたの？ とか話してるわけ。聞き耳立ててたらね、その女の子は妊娠してるんだけど、赤ちゃんに障害があるんだって。それに、どうやら離婚したばかりみたいなのね。すると、その話を聞いてた喫茶店のママが、『私の子もお腹にいる時、障害があるってわかったのよ。それに、私もその時、離婚したばかりだったのよ。大変だったけど、いろんな人が助けてくれたわ。だから、あなたもきっと大丈夫よ』とか言ってるのね」

「**客観反復**ですな。無意識は、**過去の自分の状態を再現して客観的に見せてくれる**ことがあるのですよ。ああ、これは過去の自分だ！ ってね。過去の自分を理解するためでもあるし、過去の自分と同じ状態の人をサポートしてあげるためでもあるのだね。ヘモ子よ、君もそうだったじゃあないか」

ヘモ子は離婚した時、妊娠していたのです。

そして、生まれてきた赤ちゃんは、障害を持っていたのですよ。

「私、その女の子に近づいて、笑いながらこう言っちゃった。『大丈夫よ！ **ウチの子もそうだったのよ**』って」

シンクロニシティーは自分で起こせる

私は、スーパータカオさんにこう言いました。

「シンクロニシティーは、ただ起きるだけではなく、**起こすこともできる**のだよ」

「意識的に起こすことができるんですか？」

「**場をコントロールする**ことで、コントロールできるのですよ」

「場？ それは？」

「場を説明するためには、リンカーンとケネディの例え話がわかりやすいですな」

アメリカ大統領エイブラハム・リンカーンと、アメリカ大統領ジョン・F・ケネディの**奇妙**

な偶然の一致は、有名な話です。

リンカーンの秘書はジョンという名前で、ケネディの秘書はリンカーンという名前でした。

二人の大統領は、共に黒人の人権のために尽力しましたね。

リンカーンもケネディも、大統領在任中、子供を一人亡くしています。

リンカーンもケネディも、奥さんの目の前で銃によって暗殺されました。

リンカーンが暗殺されたのはフォード劇場で、ケネディが暗殺されたのはフォード社のリンカーンという車の中でした。

リンカーンを暗殺したジョン・ブースは劇場で撃ち、倉庫で捕まりました。

そして、愛国者に殺されたのです。

ケネディを暗殺したオズワルドは倉庫から撃ち、劇場で捕まりました。

そして、愛国者に殺されたのです。

ジョン・ブースもオズワルドも、犯人としてでっち上げられたのではないかと言われてますな。リンカーンには二人の息子がいましたが、一人は政治家となり、もう一人は政治家になる前に暗殺されました。ケネディにも二人の息子がいましたが、一人は政治家となり、もう一人は政治家となる前に飛行機事故で亡くなりました。

一説には暗殺ではないかという説もありますね。

リンカーンは暗殺されるちょっと前に、メリー州モンローで過ごしていました。ケネディは暗殺されるちょっと前に、非公式ですがマリリン・モンローと過ごしていたと言われています。

世界には時空を超えた「場」がある

「さて、この二人の大統領の話ですがね、**要するに、まったく同じドラマ**なのです。心理学では、似たようなケースが家族関係の反復として語られることがありますがね。リンカーンとケネディは家族じゃあないですから、心理学だけの問題ではないのですよ。ある意味、ホワイトハウスの家族と言えなくもないですな」

「両親が離婚していたら、その子供も離婚しやすいってデータがありますね」

「うん。他にもよくあるのは、『あのアパートに入った人って、必ずガンで死んじゃうよね』とか、『あのテナントに入った店って、必ず一年ももたないよね』などのケースですな。実は、リンカーンもケネディも、同じ場にハマっているのですよ。シェルドレイクという自然科学者は、この世界には**時空を超えた場**があると提唱し、この場のことを『**形態形成場**』と名付けたのです」

「形態形成場ですか!」

「いったん、**この場にハマってしまったら、まるで脱輪した車みたいになってしまう**のですよ。アクセルを踏んでも、ハンドルを切り替えようとしても、なかなか脱出できません。プラス思考だ! とがんばっても、なかなかうまくいかない。では、一体どうしたら、この場から脱出できるか? ある日、子育て教室で、リンカーンとケネディの話をしたら、一人の子供さんがこう言いました。『かんたんじゃないか! **フォードじゃなくて、トヨタに乗ればいいんだよ**』。私も、それが正しいと思います。きっと、この子のお父さんは、トヨタに勤めておられるに違いありません」

シンクロニシティー魔術とは?

「スーパータカオさん、**同じ場を作り上げ、その場を修正してやる**と共鳴現象が起きるのだよ。これが、民族学などで類感呪術あるいは魔術と呼ばれるものですな」

ある女性が、子宮筋腫が大きくなり、ひどく心配していたのですよ。

彼女は、肉屋で豚の子宮を買ってきました。

豚の子宮をビンに入れ、タバコの吸い殻を入れて数日放置して腐らせ、それを庭に埋めたあと、**彼女の子宮筋腫は消えてしまった**のですよ。

ある女性の場合、子供ができなくて悩んでいたのです。

私は、彼女の家を訪れて気づいたのですがね。

あちこちに空の花瓶が置いてあったのですな。

「花瓶ってのはね、要するに子宮なのですよ」と言ったら、この女性は花瓶をひとつだけにして、花を飾るようにしたのですな。

そのあと、**すぐに子供ができた**そうです。


ある経営者が、なかなか経営が回らないと言いました。

彼の家にあるマナ板を見たら、一〇〇円ショップで買ってきたペラペラのマナ板だったのです。

私は彼に、咆哮しました。

「**ペラペラじゃあないですか！** 男が汗水流して得た労働の結晶が調理されるステージが、ペラペラ！」

「で、でもケルマさん！ ペラペラだけど便利なんですよ！ 鍋に材料を入れる時とか、けっこう役に立つんですよ！」

「ペラペラ〜！ マナ板は、財産運をのせる器みたいなものですよ。富豪の家の娘が嫁に行く時は、必ず木を削って仕立てたマナ板を持っていくのです！　あぁっ！　それなのにペラペラ～！」

私がネチネチと説得したおかげで、彼は木製のマナ板に変えたのです。

とたんに、経営が回りはじめたのですよ。

イボも病気も交換可能!?

スーパータカオさんが言いました。

「**場を真似ることで、エネルギーが発生する**場合もありますよね。昔、すごく人気のある塾の講師がおられましてね。僕、その人みたいになりたくって、塾の仕事をはじめた時に、その人のやり方を真似たんです」

「相手の場を借りる方法ですな！　それは効果があるのですよ。他にも、**場の相互交換**という現象もあるぞ！」

友人のサダ子がメールしてきたのです。

「自販機でジュースを買ったのに出てこないぜ！　まったく、なんて自販機なんだい！」

ちょうどその時、私は自販機でジュースを買っている真っ最中でしたが、一本しか買ってないのに、二本出てきたのですよ。

「あ！ そりゃあ、あたしのジュースだよ、返しやがれ、こんにゃろ！」

名前もサダ子だし、この人は怒らせたら、祟られそうな気がします。

そういえば、サダ子がこんなメールをしてきたことがありました。

「あたしゃね、忙しくて忙しくて休んでられないんだよ！ それなのに風邪ひきそうだよ！ そうだケルマデック、あんた、**あたしの代わりに風邪ひいておくれよ**」

「はっはっは、いいよ」と、うっかりメール返信したのですよ。

そしたら次の日に、私は風邪をひいたのでした。

「風邪をひいてしまったのだよ」とメールしたら、

「おや、そうなのかい？ ヒッヒッヒッヒ……すまんのう！ すまんのう！」という返信がきました。サダ子よ、あんた、時空超えてなんかできるだろ？ きっとそーに違いない。

相互交換という現象がありましてね。

例えば、イボを治す民間療法に、**兄弟間でイボを売り買い**するというものがあります。

また、ある心理学者のレポートにあったのですが、ある男性の娘さんが脊椎カリエスと内臓障害で死にかけていたそうです。その男性は、神に祈り続けました。

「神様、娘を治してください。代わりに私の左腕をあげます」

数日後、この男性は事故で右腕をなくしました。

そして、**娘さんの病気は、奇跡的に消えてしまった**のですよ。

シンクロ③　外から答えをくれる

「スーパータカオさん、外応といってね。シンクロニシティーは、外の世界を通じて答えを見せてくれたりもするのですよ」

「はい、それありますね。何か考え事をしてたら、偶然、**外から答えがきたり**」

何年か前、友人とテレビを見ていたら、南極物語のタローとジローのことをやっていました。

タローは現在、剥製になって陳列されているという内容でしたよ。

「へぇー、タローは剥製になっちゃったんだねぇ」

その直後、知り合いのおばちゃんが泣きながらやってきて、こう言ったのです。

「タローちゃん、タローちゃんが死にそうなんです！　何とかならないでしょうか？」

「た、タローって？　それ誰です？」

「うちの施設で飼ってる犬です！」

タローは、お年寄りの施設にフラッとやってきて、そのまま居着いてしまった犬だったのです。お年寄りたちから可愛がられていましたが、ひどい喘息になり、寿命もあって死にかけているというのですよ。

「タローちゃんは、助かるでしょうか？」

「う〜む……」

困りましたね。すでに**私の頭の中では、剥製になっていた**のです。

おばちゃんがこう言いました。

「不思議なことに、タローちゃんがきてからというもの、お年寄りたちの喘息が消えてしまったんですよ」

私はこんな話をしました。

「メキシコのチワワ州では、ドクターがお年寄りの喘息患者さんに、チワワを飼うようにと奨めるそうですよ。喘息が軽減されるのだそうです。お年寄りの喘息は、かまって欲しいという心理的な要因が強いそうですから、ちょうど同じエネルギーでバランスが取れるのでしょうね。チワワはかまってやらないと、死んでしまう犬ですしね」

結局、タローは、みんなに看取られて亡くなりました。幸せな犬でしたね。

シンクロニシティーのワーク

Synchronicity Work

ここで簡単なワークをご紹介します。
気軽な気持ちでトライしてみてください。
日常生活の中で、
シクロニシティーがなぜか増え出すかもしれません。

シンクロニシティーセットアップ

シンクロニシティーセットアップへ、ようこそ！

あなた自身の、シンクロニシティーに対する理解と認識の初期設定を行います。

初期設定を行うことによって、シンクロニシティーは、あなたが理解しやすい形となって発現します。

なお、このソフトは人間社会と形態共鳴しており、署名と捺印していただくことによって、起動します。

▶ シンクロニシティーの定義
心理学者のユングが名づけた、意味のあるように見える偶然の一致の現象

▶ ＥＣＣＯ（地球偶然管理局）
脳神経学者Ｊ・Ｃ・リリーが考案したシンクロニシティーを管理するシステム

シンクロニシティーの理解と認識

過去に起こったシンクロニシティーを、思い出すままに書き出してください。

シンクロニシティーの初期設定

あなたにとってシンクロニシティーとは何ですか？
そして、どのように働くのでしょうか？

この情報を有効にしますか？
チェックボックスに印をつけ、署名捺印してください

□有効にする　　□有効にしない

署名　　　　　　　　　　㊞

▶ 参考リンク集

ユング著『自然現象と心の構造』
ジェームズ・レッドフィールド著『聖なる予言』
J・C・リリー著『意識の中心』

インストール

今後、有形無形の形で、地球偶然管理局のサポートを受けられますか？

このサポートは強制ではなく、一切の義務や責任を負いません。また､いつでもサポートの解除が行えます。また、参加者のプライバシーは安全に守られます。

このソフトは人間社会と形態共鳴しており、署名と捺印していただくことによって起動します。すでに、何らかの形で信仰や団体に属しておられる場合、ソフトの競合によって、うまく作動しない場合もあります。

※チェックボックスに印をつけ、署名捺印してください
※途中でサポートを解除する場合は、サポート解除に印をつけ、捺印してください。

★サポートを　□受ける　□受けない

署名＿＿＿＿＿＿＿＿＿＿＿＿㊞

★サポートを解除する　□解除

署名＿＿＿＿＿＿＿＿＿＿＿＿㊞

ありがとうございました。

シンクロニシティー出力デバイス

シンクロニシティーを出力しやすいデバイスを選び、
チェックボックスに印をつけてください。

タロット	□
コイン占い	□
カード	□
ダウジング	□
外応	□
スマホ	□
女子高生	□
その他のデバイス	□

パスワードの設定

パスワードを設定することにより、
作業が簡略化されます。

パスワード [　　　　　　　　]

念のために、もう一度パスワードをご記入ください。

パスワード [　　　　　　　　]

よろしいですか？　□ はい　□ いいえ

シンクロニシティーセットアップの終了

シンクロニシティーセットアップが終了しました。

シンクロニシティーの不思議な世界をお楽しみください。セットアップが終了すると、各種コンテンツの利用が可能になります。規約をお守りの上、お気軽にご利用ください。

コンテンツ利用規約

シンクロニシティーネットの活用にあたり、誹謗中傷や、他人を陥れる行為を禁じます。

また、シンクロニシティーネットは、特定の団体や個人に帰属しません。


規約に同意しますか？

チェックボックスに印をつけてください。
□ 同意する　　□ 同意しない

では、一旦このソフトを閉じ、再起動してください。
※指でボタンを押してください

シャットダウン　　起動

シンクロニシティー・オークション

あなたが欲しい商品を入札し、シンクロニシティーによって安くゲットしましょう！（入札開始価格一円より。シンクロ率の高い入札者が優先されます）

注：あなたが今欲しい商品を「商品名」に記入。いつまでに欲しいか、いくらで欲しいかも、「時期」「入札価格」に書き込み、パスワードを書いてください。時期が過ぎたら、入札結果に○をしてみましょう。

商品名

時期　　　　　　　年　　　月　　　日　まで
入札価格　　　　　　　　　　　　　円
パスワード『　　　　　　　　　　　　　　　』
入札結果：　大変良い　良い　まあまあ　反応なし

商品名

時期　　　　　　　年　　　月　　　日　まで
入札価格　　　　　　　　　　　　　円
パスワード『　　　　　　　　　　　　　　　』
入札結果：　大変良い　良い　まあまあ　反応なし

商品名

時期　　　　　年　　月　　日 まで
入札価格　　　　　　　　　　円
パスワード『　　　　　　　　　』
入札結果：　大変良い　良い　まあまあ　反応なし

商品名

時期　　　　　年　　月　　日 まで
入札価格　　　　　　　　　　円
パスワード『　　　　　　　　　』
入札結果：　大変良い　良い　まあまあ　反応なし

商品名

時期　　　　　年　　月　　日 まで
入札価格　　　　　　　　　　円
パスワード『　　　　　　　　　』
入札結果：　大変良い　良い　まあまあ　反応なし

出会い系サイト

あなたのプロフィールと顔写真、要望をログインしてください。

注：ここでは、パートナーを引き寄せます。プロフィールや自己像など自分について、そして、相手に何を求めるかも書き込んでください。

◎ あなたのプロフィールおよび、あなたの自己像

◎ 相手への要望

以上の情報で検索しますか？

□ はい　□ いいえ　　パスワード『　　　　　　　　』

融資OK！
地球偶然管理局のシンク・ローン
未だかつてない安心！
ノーリスク・ローン

基本的に返済はございません。

融資が行われた場合、融資金額の一割を、地球と宇宙の平和維持のために、地域団体や公的機関へ募金、または寄付をお願いいたします。

ご融資金額を申請し、パスワードを記入してログインしてください。融資可能かどうかを審査し、シンクロニシティーによって回答をさしあげます。

注：ここでは、豊かさを引き寄せます。自分が今手に入れたい金額とそれを使ってしたいことを書き込んでください。

◎ 利用目的

◎ 希望金額

								円

パスワード『　　　　　　　　　　　　　　』

よろしいですか？　□ はい　□ いいえ

受け付けました。ありがとうございます。

地球偶然管理局
サポートセンター（24 時間）

質問事項を記入して送ることにより、係の者がシンクロニシティーによって回答します。回線が混み合っていますので、回答に長時間かかったり、無回答の場合があります。ご了承ください。

注：わからないことがあったら、ここに書き込んでください。答えはふと手にとった雑誌の表紙、人から言われた一言など、思いがけないところからやってくるかもしれません。

◎ 質問

Chapter 2

テレパシー

正直さとオヤジギャグが、
天才を作り出す、
という話。

天才は学ぶ前に知っている

「**発明発見のほとんどは、セレンディピティー**なのですよ。偶然が積み重なってできてるんだね。例えばフレミングって科学者は、ウイルスの培養をしてたんだけど、保存に失敗してウイルスを培養していたシャーレにカビが発生してしまったんだね。それを捨てようとした時、彼はそのカビがシャーレ内のウイルスを殺していることに気づいたんですな。こうして発見されたのが抗生物質のペニシリンなのだよ」

「なるほどっ！偶然の産物でしたか！」

「だが、理論も大事なのです。例えば、アインシュタインはある日突然、セレンディピティーによって相対性理論を発見したのだけど、それを人に説明するために二〇年かけてリーマン幾何学とリーマン幾何学言語を創ったのだ。だから、エジソンも言っているではないですか。『天才は一％のひらめきと九九％の努力だ』と」

最近の研究によって、アインシュタインとエジソンは、共に失読症であったことが判明しているのですよ。失読症とは病気ではないのです。

人の脳は、左脳が言語や論理を司り、右脳が直感的理解を司ると考えられています。現代人の脳は、右脳が左脳よりわずかに小さいのですが、**失読症の人たちの脳は、右脳の方が左脳より大きい**のですよ。このために、彼らは文字の読み書きが困難であったり、学習が困難だったりするのですがね。たいていは、学校の枠組みから外れてしまうことが多いのです。

しかし彼らは高度な知能を持っており、特殊な学習法をマスターさせると、常人の何倍もの学習能力を発揮したり、**天才的な創造性を発揮する**のですよ。

失読症の人たちに関する研究はまだはじまったばかりですが、彼らの中には、超心理学で説明されているテレパシー能力や直観能力を出現させているケースが非常に多いのですよ。ちなみに、レオナルド・ダ・ヴィンチやエドガー・ケイシーも、失読症であったと考えられているのですな。

「右脳開発のひとつに、速読術というのがあってね」

「はい、有名ですよね」

「実は、速読術を極めたら、すごい現象が起きるのだ」

「どんな現象なんですか？」

「本を開かずに、読んでしまうのだよ」

「ほんとですか？　とんでもないです！」

天才と失読症は、けっこう関連がありましてね。

その昔、私は「天才講座」というのをしたのですよ。

まあ、天才になるための講座ですな。

しかし、天才の定義というのは、みなさん勘違いしているかもしれません。

IQが高いことが、天才というわけではないのですよ。

ちなみに、『仮面ライダー大百科』を読んだら、

「本郷タケシIQ六〇〇、小学生の時の成績は、つねにクラスで一〇番以内」

とありました。

本郷タケシ、すごいクラスにいたのですよ。

上位九人が、気になります。

それはさておき、天才の定義のひとつはですね。

「**学ぶことなく、はじめから知っている**」ということですよ。

こりゃ、そんなに珍しい現象ではありません。

幼児がすぐに言葉を覚えられる理由

アメリカの失読症の青年が日本にやってきて、あることに気づきました。

生まれてこのかた、日本語を学んだ体験がないにもかかわらず、彼はすべての漢字を理解でき、読むことができたのですよ。

有名な霊能者のエドガー・ケイシーも失読症でしたが、彼も枕の下に本を入れて寝るだけで、次の朝起きた時には、すべて理解していました。さらに、エドガー・ケイシーは眠りながら、ありとあらゆる質問に正確に答えることができたのですよ。

これを**直感把握能力**と言います。

二〇年ほど昔、私もよくこの実験をやってみました。

催眠を使ってトランス状態に入った被験者に、さまざまな質問をすると、ありとあらゆる質問に答えるのですよ。まあ、おもしろい実験でしたね。

これはつまり、**インターネットと同じ**ですな。

例えるなら、一般人はネットに接続してないオフライン状態なのですよ。

秀才くんはオフライン状態ですが、懸命に時間を費やしてデータを打ち込む作業をし、保存するわけです。

でもって、鈍才くんは、打ち込んだデータを保存しないで、電源を落としてしまうのです。

そして**天才くんは、オンライン状態**です。

検索したら、どんな情報でも引き出せるのです。

赤ちゃんや幼児は、オンライン状態でね。

周囲の**大人たちの記憶情報をバクバクとインストールする**のですよ。とくに寝ている間に、大量のインストールとダウンロードを行います。ですから、はじめは「ワンワン」とか、「まんま」とかの繰り返ししかしませんが、ある日突然、意味の繋がる言葉を喋りだすのですよ。

知らないはずの方言を使う子供

まだ二歳にも満たない幼児が、お母さんに手を引かれて散歩した時、近所のおじいさんが花の手入れをしているところを見たのです。

その瞬間この子は、生まれてはじめて意味の繋がる言葉を喋ったのですよ。

「これはまた、見事な花が咲きましたなあ」

お母さんとおじいさん、びっくりです。

なぜ、おじいさん言葉？　つまり、この子は、その場にいたおじいさんに対応した言語フォーマットで喋ったのですよ。

同じ実例は、たくさんありますな。ニューヨークに在住のSさんご夫妻は、二人とも鳥取出身なのです。彼らは普段、夫婦間でも標準語で喋っておられるのですがね。

彼らの子供さんは、なぜかバキバキの鳥取弁を喋るのですよ。


「ねぇ、君、マネージャーには電話してくれたかい？」

「ええ、メアリーには伝えておいたわ。彼女、あなたのこと、良いボスだって誉めてたわよ」

「ははは、まあ、僕もボロが出ないようにしなくちゃね」

「まあ、あなたってば」

「はははははは」

「ほほほほほ」

「ほんに、だらずけなことしたら、いけんで〜〜」


この実例でもわかるように、非常にポピュラーな現象なのですよ。

そして実は、すべての人がこの現象を無意識に黙認している事例を、私は見つけたのです！

埼玉在住のある家族ですが、父ヒロシさんは自分自身を「俺」と言い表し、母ミサエさんは、自分自身を「アタシ」と言い表します。

しかし、その息子さんは、自分自身を「オラ」と言い表すのですよ！

私が調べた結果、父ヒロシさんの出身が、秋田だと判明したのです！

……「クレヨンしんちゃん」ですな。

発明はテレパシー!?

「良いかね、タカオさん！ニューヨークでは、三歳の幼児が、英語ペラペラなのだよ！」

「ガガ～ン！とんでもないです！つまり**天才とは、テレパシーでオンラインになっている状態**なんですね？ケルマさん」

「うむ、その通り！だから歴史的な発明や発見は、必ず同時発生するのだよ」

電話を発明したのは、グラハム・ベルとされていますが、**同じ時期に数人の発明家が、まったく同じものを作り上げている**のですよ。グラハム・ベルは、一番はじめに特許をとったというわけです。

一八九〇年代に、人類は時間に関する新しい認識を手に入れたのですよ。アインシュタインは「相対性理論」を創り出し、H・G・ウェルズは「タイムマシン」を、マーク・トウェインはタイムトラベルを扱った『アーサー王宮廷のヤンキー』を発表しました。時間が変化するという認識は、それまでの人類にはなかったのですよ。

発明や発見以外にも、ヒットするアニメや映画、思想、ブームとなるものは、同時に発生します。つまり、テレパシーによる人類の普遍的な集合無意識の顕れなのです。

脳をオンラインにする方法

塾でたくさんの生徒さんを教えてきたスーパータカオさんは、つねに、どうしたらわかりやすく伝えられるかに苦心してきたのです。彼はこう聞いてきました。

「脳をオンラインにするには、つまり天才にするにはどうしたら良いんですか？」

「うむ、そのためには、**柔軟な並列思考**を手に入れる必要があるのだよ」

「並列思考、ですか？」

「並列思考の反対は直列思考ですな。**直列思考はA↓B↓C↓Dと展開していく**のだが、Dで行き詰まったら、もうおしまいなのだよ。オンライン状態を停止させてしまうのだよ。しかし、並列思考はクロスワードパズルと同じでね。縦の列をA↓B↓C↓Dと進み、行き詰まったら今度は**横の列にスライドする**のだよ」

「なるほど、そうやって進んでいけば、やがてすべてが繋がりますね」

「並列思考は**関連がないものを繋げる**ことができるし、**別の意味にスライドする**ことも可能なのだよ。関係がないが意味があるように見える偶然の一致、つまりシンクロニシティーも、並列思考のシステムなのだ。そして、その並列思考を遺憾なく発揮するテクニックが、**オヤジギャグ**なのだよっ！」

「そうきましたかっ！」

「オヤジギャグは、一見関連がないものを意味があるものに変えてしまうし、まったく別の意味にスライドすることも可能なのですよ」

オヤジギャグでシンクロ力を磨く

「たしかに、よく考えたらシンクロニシティーって、ダジャレに近いですよね」

「うむ、ダジャレなのだよ。すべての子供は天才だよ。そして、ダジャレが好きなのだよ。それは、柔軟な思考を持っているからなのだ。柔軟な思考を獲得すれば、脳は自然にオンライン状態になるのだよ」

「じゃあ、シンクロニシティー研究会とかって、あれは？」

「オヤジギャグ研究会なのだよ！」

私は高校生の時、稲垣潤一と稲川淳二をよく間違えていたのですよ。実にお茶目ですな。

時々、「こども110番の家（子供を保護してくれる家や施設）」というステッカーを貼った店舗があると、一体どんなとこかな？と妄想します。

きっと中に入ったら常勤の子供たちがいて、さまざまな問題に対応してくれるに違いありません。

・・・・・妄想劇場・・・・・

「どうされまちたか？では、こちらの書類に名前と住所をお書きくだちゃい」

「それは困りまちたね。では、市役所に問い合わせてみまちょう」

「もう大丈夫でちゅ。あとは、こちらの書類を提出してくだちゃいね」

・・・・・妄想劇場終了・・・・・

私はいつも、たいていそんなことを考えているのですよ。町の看板や本のタイトル、音楽など、目に付く言葉や物、人がいたら、どんどん連想してみます。

「二四時間、あなたを見守るストーカー」

「お義母さんといっしょ」

「ガラスの五〇代」

誰かの言った言葉の揚げ足を取ってみます。

「マイケル・ジャクソン」「ジャイケル・マクソン」

「百聞は一見にしかず」「新聞は一軒に一部」

＊注意：相手を選んでやりましょう。

なぜ人はテレパシーを否定するのか？

「スーパータカオさん、テレパシーによるオンラインシステムは存在するのだよ。しかし、テレパシーの存在に否定的な科学者もいるのだ」

「なぜですかね?」

「科学者だけではなく、知識人を自称する人たちにも、否定的な見解をする人はいるねぇ。テレパシーといった非科学的で非言語的なものは、教育程度の低い人が騙されやすい一般大衆の幻想だと見る団体もいるなあ。検証に堪えうるたくさんの実験データや学術論文が発表されているし、スタンフォード大学やCIA、防衛大学にも研究室があるというのにねぇ。意外と知られてないことだけど、アポロの宇宙飛行士が宇宙空間でテレパシー実験をやった時、テレパシー能力がすごく鮮明になったと言っているのだよ。テレパシー現象はまちがいなく存在するのにもかかわらず、理論的ではない感情的で**ヒステリックな反論**が起こるのだ」

「なぜですか?」

「**テレパシー・トラウマ**のせいかもねぇ」

「テレパシー・トラウマ?」

「こんな話があるのだ。心理学者のチャールズ・タートは、ある奇妙な現象に気がついたのだよ。それは、科学者がテレパシーについて議論し合うと、必ずケンカが起こるということなんだね。それも、ヒステリックな子供のようなケンカなのだがね」

「年末恒例の超常バトルですね!」

「そう、子供のケンカなのだよ。チャールズ・タートは、テレパシーというテーマが彼らのトラウマを刺激したのではないかと考えたのだね」

「トラウマですか？　一体どんなトラウマなんです？」

母親からのふたつのメッセージ

「胎児は、母親と非言語コミュニケーション、つまりテレパシーで結ばれているのだよ。出産経験者なら、たいていは赤ちゃんとのテレパシー・コミュニケーションを経験しているのだけどね。例えば、母親の自分がイライラしている時には、子供が情緒不安定になるとかね。しかし母親は、社会的に良い母親役を演じなければならないと思い込んで、本当の自分の感情を抑圧してしまうのだよ。

優しい声で『さあ〜おふろに入りましょうね〜』と言いながら、内心ではイライラしながら『お願いだから！　早くしてちょうだい！』と言っているわけだねぇ。子供は、**テレパシーと表面的な言葉のふたつの異なるメッセージを受け取る**ことになるわけだな。これは子供にしてみれば、とても困惑してしまう状態なのだ。

そして子供は生存権を獲得するために、ふたつのメッセージのうちのどちらかを否定し、どちらかを肯定せざるを得なくなるのだよ。これがテレパシー・トラウマだ」

他人に共感できる子供、できない子供

「テレパシー情報を否定して表面的な言葉の方を選んだ子供はどんな子になるんですかね？」

「これは極端な考えだけど、**言葉のコミュニケーションの方を選んだ子**は、社会的には良い子であることが多いが、**自分の感情を押し殺してしまう**ので表現することが難しかったり、心の底から他人と触れ合ったり共感したりすることが困難になることが多いかなあ。**テレパシー・コミュニケーションの方を選んだ子**は、表面的な上っ面の社会的コミュニケーションを軽蔑して、社会的には不調和だったり不良とか言われることもあるけど、他人に対して共感する能力が豊かだし、心の底から他人と触れ合ったり**感情を表現することができる**のだ」

「じゃあ、ひどく世間体を気にする母親とか、自分の感情を押し殺す母親とかだったら、社会的コミュニケーションとテレパシー情報とのギャップは激しいものになってしまうんじゃないですかね？」

「うむ、そうなのだよ。では、そうならないようにするにはどうしたらいいかというと、とても単純なことだが、親が子供に対して正直でいれば良いのだ」

言葉とテレパシー情報を一致させる

「正直ですか？」

「例えば、イライラしてるのなら、無理に優しく振る舞う必要はないのだよ。親がそんなことをしたら、子供は言葉とテレパシー情報が一致しないから不安になって、ますます親をイライラさせるような行動をとりだすのだ。そして、ついには親が怒りを爆発させて、やっと子供は安心するというわけなのだよ
言葉も正直に使う必要がある。『早く風呂に入りなさい！　イライラする子ね！』と怒るのではなくて、『お母さん今日は頭が痛くてイライラしてるから、早くお風呂に入ってちょうだい』と言うこともできるんじゃないかねぇ。

そういえば、七人の子供を育てた心理学者も、『子育ての一番のコツは、親が子供に対して正直でいることだ』って言ってたけど、私も同意ですな」

例えば、ある母親が、高校生の息子のことで悩んでいたのですよ。

その少年は学校に行かなくなり、たくさんの感情的な問題を抱えて事件を起こしたりしてい

たのです。

あることがきっかけで、その少年の母親は、自分が世間体ばかり気にして生きてきたことと、お姑さんに対して自分を押し殺してきたことが原因ではないかと気づいたのですね。

世間体を気にすることをやめ、自分を押し殺すのをやめたところ、息子の問題行動は徐々に消えていったのでした。

正直になる、とは?

ある日、友人の、た〜くんが、本を読んでいたのですよ。

どれどれ、なんて本だね? なになに……。

『ユダヤ五〇〇〇年の知恵』だと?

本を開いてみると、次の一文が目に飛び込んできたのです。

『嫁と姑がひとつの家に住むということは、ライオンと羊が同居するようなものである』

おお! ユダヤ五〇〇〇年の知恵……すごいですな……。

五〇〇〇年かけて、嫁と姑の同居は無理だと悟ったのです。

その昔、アフタヌーンショーというテレビ番組の、新聞の番組欄記事が秀逸で、毎回目が釘づけでしたよ。

『地獄！ 熱したフライパンで姑を殴る鬼嫁！』

料理の途中だったんですかね？

『新妻の苦悩！ 夫の愛人と姑が、共謀して私を追い詰める！』

夫は何してるんですかね？

『これでも食え！ 姑に生ゴミを投げつける地獄嫁！』

ああ……恐ろしい……。

一体、どんな地獄絵図が？ と思ってテレビを見てみると、お嫁さんとお姑さんが、ニコニコしながら過去のバトル・エピソードを繰り広げていました……。

深い脱力感が……それはもう、深い脱力感を覚えましたね。


生物行動学的には、嫁姑の戦いは必然なのだというのです。

生物は自らの遺伝子を増大させようとしますが、お姑さんは生殖能力をなくしている場合がほとんどですから、息子を使って遺伝子の拡大を図ろうとするのだそうですよ。

しかし、お嫁さんがいたら、新たな遺伝子の拡大ができません。

そこで、**お嫁さんを追い出し、新しいお嫁さんを息子にあてがおうと、無意識のうちに行動する**のだそうですよ。

では、一体、どうすれば良いのか？

私は、正直なのが一番だと考えているのですよ。

一緒に暮らしたくないのなら、それが一番です。

一緒に暮らしたいならば、それも一番です。

正直でないのが、良くないと思うのです。

スーパータカオさんがこう聞いてきました。

「ケルマデックさん、お姑さんと同居して、仲良くする方法はないんですか？」

「う……うむ……あることは、あるのだよ……」

「どんな方法ですか？」

「旦那さんが、問題ある人になれば良いのだ！　私が観察してきた結果なのだが、アル中、働かない、女狂い、借金、いずれかの問題を起こせば、嫁と姑は協力し合い仲良くするのだ！」

・・・・**妄想劇場**・・・・

「……ごめんね、よし子さん……息子のせいで、あんたにこんな辛い思いさせちまって……」

「いいえ……いいのよ、お義母さん……私は平気よ」

「ううっ……ありがとう……ありがとう……よし子さん……」

・・・・**妄想劇場終了**・・・・

「ケルマさん……それ、もうダメダメですから、末期状態ですから」

Chapter 3

自己宣言

「強く言い切る」と
本当にそうなってしまう、
という話。

奇跡を起こすシンプルな方法

ある営業の女性がね。毎日、鏡に向かって話しかけたのですよ。

「私は磁石だ！ 私の車を必要とする人を、つねに引き寄せている。私から車を買った人は、心から満足してくれる！」

それから一年の間に、**営業成績が三倍**になったのだそうです。

ある女性は、毎朝、起きたら鏡に向かって宣言し続けたのですよ。

「私は、愛と安らぎの女神です」

この女性は、数ヶ月のうちに、**No.1キャバ嬢の地位を獲得**したのですな。

実際、「言い切る」というのは、実は、とんでもない力を発揮するのです。

昔、エミール・クーエという医師が、朝起きた時に鏡に向かって、

「毎日少しずつ、私の身体のすべてが今、ますます良くなりつつあります」

と、毎日言うように患者さんに指導したのですよ。

なんと、非常にたくさんの患者さんが**驚異的な回復**を見せたのでした。

治療不可能と思われていた患者さんも、見事に治癒してしまったのです。

ジョン・レノンの友人もまた、この**クーエ・テクニック**によって、難病を見事に克服してしまったのです。クーエ療法に感動したジョン・レノンは、この言葉をもとに、『イマジン』を創ったのですよ。朝起きた時に、自ら口に出した言葉は、無意識へと働きかけ爆発的な治癒力を引き出したのです。


ある女性が、私にこう言いました。

「ケルマさん、私、あなたにお礼を伝えたかったんですよ。以前に、私の母にお会いしていただいたじゃあないですか。あの時、母の脳内には握りこぶし大の脳腫瘍があったんですよ。神経が絡まって手術もできないし、治療方法もないって医師には言われてたんです。でも、ケルマさんに教わったクーエ・テクニックを、母は毎日やったんですよ。そしたらね」

「そしたら？」

「脳腫瘍、消えちゃったんです！　今は、無害な豆粒大だそうです。あり得ないことだって、医師が言ってました！」

シンプルですがね。クーエ・テクニックは役に立ちます。

「言い切る」ことで世界は動く

「カオスの縁」理論というのがありましてな。

カオスの縁とは、分子生物学などでよく論じられる理論ですよ。

我々が住むこの世界は、実は混沌（カオス）としていて、いつでも瀬戸際にいるのです。

しかし、誰かが声高らかに、「これが真実だ！」と言い切ってしまうことで、混沌の状態は、形あるものに整列してしまうのです。

とくに「権威者」が声高らかに言い切ってしまうと、世界はその形に整列してしまうのですよ。

例えば権威者が、「あなたの病気は治ります！」と言い、あなたがその言葉を受け入れるならば、治るでしょう。

権威者が、「あなたは治らないでしょう」と言い、あなたがその言葉を受け入れるなら、治らないでしょう。

ポイントは、「〜なりたい」ではなく、**「〜です」「〜なりつつある」**です。

「〜である！」と言い切るのは重要なのですよ。

「オレは海賊王になる！」

言い切ってますな。

「オレは海賊王になりたい」

まあ、がんばれよ、という感じです。

「オレは海賊王になる？」

なんか、自己の存在そのものが不安定です。

「オレは海賊王に……？」

もはや、『東京スポーツ』か『女性自身』の見出し状態です。

「オレは海賊王になりたかった……」

何があったんだ？ルフィ！

やはり、力強く言い切るのが大事なのです。

「お前はもう、死んでいる！」

「わが生涯に、一片の悔いなし！」

言い切ってますよ……。

それはもう、言い切りまくってます。

私が言いたいことは単純です。**強く言い切る**のです。

友人のゴールデン・チャイルドがメールしてきたのですよ。

「聞いてください。ケルマさん！　私はこの数ヶ月『私は私を愛しています』『私はとっても素晴らしい存在です』『私は外の世界が何と言おうと魅力的でチャーミングです！』って、毎日、自分に対して力強く言っていたら、本当にそう言ってくれる恋人が私の人生に登場しました。超びっくりです。今までの人生では、絶対に考えられない世界です。人生のコツが少し見えてきました」

私は、すかさず、こう返信したのですよ。

「クックックックッ、若いよ…… 青いねぇ……君はまだまだ、甘い！『私は世界の支配者！』『私は時空の中心！』『すべての時空は、私にひれ伏すが良い！』……と、ここまで言い切るのだ！」

言い切ることは、世界を動かしてしまうのですよ。

人類が宗教や神の奴隷であった時代は、とっくに終わっていますからね。

時空支配を企む、傲慢なケルマさんです。

DESU NOTE のワーク

Desu Note Work

あなたも好きなことを言い切ってみください。

私は

です

私は

です

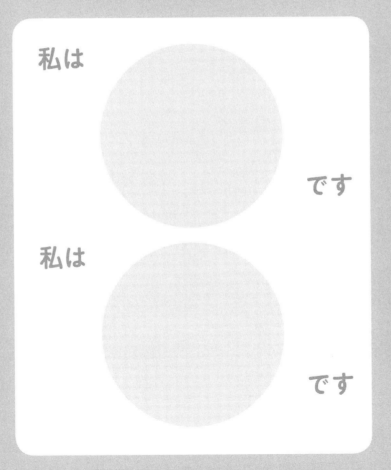

私は

です

私は

です

Chapter 4

多次元宇宙

世界は無数にあって、
好きなものを自由に選べる、
という話。

人生を劇的に変える方法

ハマってしまって、身動きがとれなくなった場から脱出する方法は、たくさんあるのですよ。

未来のビジョンを描くのも、そのひとつです。

ある女性がね。

鬱病で閉じ籠っている弟さんと、病気のお母さんの面倒を、長いこと見ておられたのですよ。

仕事に行き、帰ったら家事をしてお母さんを病院に連れていき、弟さんの薬をとってくる。

毎日が同じことの繰り返しでね。気づいたら、すっかり長い年月がたっていたのです。

実は、彼女には、遠距離恋愛の彼がいるのです。

月に二回ほど会うという生活を一〇年ほど繰り返してきたのですよ。

彼女は、弟さんとお母さんを置いていくことはできないと、結婚はあきらめていたのですな。

私は彼女に、こう言いました。

「今度、彼のところに行ったら、エビドリアを作ってあげなさい!」

彼女が彼に、「エビドリアを作りたい」と伝えたところ、彼がオーブンレンジを買ってくれたそうです。

その後、私は彼女に、こう言ったのですよ。

「今度は、お好み焼きを作るのだ！」

またまた、彼が、ホットプレートを買ってくれたのだそうです。

私は、次々にミッションを与えました。

「今度は、彼の部屋のカーテンを替えるのです！」

「彼の部屋のベランダに、花の鉢植えを置きなさい！」

「彼の部屋の風呂を大掃除して、ナウいアロマキャンドルを置くのです！」

風呂掃除は大変で、泊まり込みでやったそうですよ。

「彼のベッドを新調して、ダブルにするのですよ！」

・・・・・・・・・・

ある日、彼のところから家に帰ってみたら、弟さんの姿が見えなかったそうです。

お母さんが、こう言いました

「あの子、仕事しはじめたのよ」

さらにしばらくして、家に帰ってみたら、今度はお母さんの姿が見えなかったそうですよ。

弟さんが、こう言いました。

「お母さん、ヨガをはじめたんだよ」

・・・・・・・・・・・

エビドリアからスタートしたミッションでしたが、その後、彼女は彼と結婚したのですよ。

タネを明かせばですね。

「私が、弟とお母さんの面倒を見続けなければならない」

という**世界を作っていたのは、彼女**なのですよ。

世界はたくさん存在し、選べるのです。

人生が、同じことの繰り返しの状態になっている時はですな。何でもいいのですよ。

やれることをやるしかないのだと、『ロッキー』の主人公が言ってましたな。

あぁっ！あの叫びが、今も私の心に残っていますよ。

パラレル・ワールドはある？

ある女性が言いました。

「うちのお祖母ちゃんが脳腫瘍になってしまって、半年間、治療や手術の準備をしてきました。家族みんながたくさん辛い思いをしてたある日、ケルマさんに会い、いろいろ話をしてもらったのね。しばらくして、お祖母ちゃんが病院から帰ってきて言ったの。『誤診だったって言われたよ、私、脳腫瘍じゃなくて、結核だって』そんなバカなって……。はじめはお祖母ちゃんがボケたのかと思ったけど、病院に問い合わせたら、やっぱり結核だったんですよ。でも、いくらなんでも、これはないわと思ったんだけどね」

アニメイトのビー坊が言いました。

「ケルマさん、こりゃ、一体どんな現象なんですかい？」

ビー坊は、私に最新のアニメ情報を提供してくれるアニメイトなのです。

「さまざまな仮説を立てることができるのだよ。錯覚、勘違い、あるいはドクターの誤診。あるいはこの話を単なるホラ話と見ることもできる。もちろんホラではなく、私が実際に体験したことだけどね」
「おいらは、ケルマさん信じてますよ！」
「もうひとつ考えられるのは、過去も変わってしまった、つまり別の世界線に移動してしまったのかもしれないという可能性だなあ。要するに、多次元世界だよ」
「多次元！　パラレル・ワールドですかい！」
「うむ、実は現代物理学の最先端では、パラレル・ワールドの存在を認めているし、しばしば、有力な観察結果も確認されているのだよ！　そして、そのカギとなるのが人間の意識なのだ！」

心理学者のフロイトやユングも「人間の心の一部は、時間や空間を超える」ということは認めているのです。

例えば、予知夢という現象を体験した人は、けっこういるのですよ。

中には、夢の中で未来に起こる事故を体験し、現実の世界でその事故を回避したという体験を持つ人も、けっこういるのです。

ある美容師の女性が夢を見ました、
夢の中に彼女の恋人が現れ、「新しい車を買ったからドライブしよう」と言いました。

新車でドライブしていると、トラックが現れ、衝突事故が起こりました。彼らは夢の中で、死んでしまったのです。

夢から覚めてすぐ、恋人から「新しい車を買ったからドライブしよう」という電話がありました。

彼女は彼に、「事故が起こる恐い夢を見たから、今日はやめようよ！　お願いだから今日は安全運転してよ！」と訴えたのです。

数時間後、彼から電話がありました。

「まいったよ！　トラックと軽い接触事故が起こった！　もう少しでひどい事故になるところだった！」

「ビー坊よ、夢というのは、数学的には虚数の世界なのだよ。虚数とは、現実には存在しないが数学的には存在する状態だな。つまり、認識できない無数の世界のひとつなのだよ。その女性は夢の中でひとつの世界を体験し、現実の世界線に戻ってから、別の世界線を選んだのだと、考えることもできるのだ」

アニメは最強ツール

「じゃあ、どうしたらパラレル・ワールドを体験できるんですかい？」

「うむ、さまざまな方法があるが、まずは無数の世界線が存在するという認識が必要なのだよ。はるか昔、世界は平らで地球が丸いなんて認識はなかったのだ。やがて、地球が丸いという認識ができたのだが、ガリレオが主張した地動説が認識されるようになるには、さらに時間がかかったのだ。ようやく人類は、無数の時空から構成される世界線が存在するという認識にたどり着きつつあるのだよ」

「おいらにとっちゃ、簡単な認識ですぜ！　パラレル・ワールドや超時空なんて、アニメの世界じゃあ、当たり前ですからね！」

「うむ、アニメのすごいところはそこなのだ！　人類が何百年もかかって得てきた認識を、幼い子供でも瞬時に体得させてしまうのだよ！　アニメは、**人類が一〇〇〇年かかって獲得した認識を、三〇分で伝達できるのだ！**　決して侮ってはならない！」

アニメは、世界に対する新しい認識を獲得するための、最強ツールのひとつです。

ヒットするアニメには、必ず真実が隠されているのですよ。

多次元世界認識のためのオススメのアニメ

「シュタインズ・ゲート」「ノエイン」「魔法少女まどか☆マギカ」「サクラダリセット」「ひぐらしのなく頃に」「ゼーガペイン」「四畳半神話大系」「君の名は。」「破壊魔貞光」「C」「ソードアート・オンライン」「ガッチャマン　クラウズ」「輪るピングドラム」「少女革命ウテナ」「美少女戦士セーラームーン」「うる星やつら2　ビューティフルドリーマー」「西尾維新〈物語〉シリーズ」「それでも町は廻っている」「涼宮ハルヒの憂鬱」「未来日記」「Re：CREATORS」「orange」「ツバサ・クロニクル」「ケロロ軍曹」

とてつもなく気持ちいいピーク体験

「パラレル・ワールドなどの異次元体験をするには、エネルギーが必要だ、そのエネルギーを手に入れる強力な方法のひとつが、ピーク体験なのだよ！」

ある男性が、末期ガンと診断され、余命があまりないと告げられたのです。

世界が急速に終焉へと向かうことになり、彼の感覚や感情は平坦化していきました。

世界に何の意味も見いだせなくなり、彼は無感動になっていったのですな。

私は、彼にこう言いました。

「この世界は謎だらけです。わからないことだらけなんですよ。世の中の権威者や知識人、先生と言われる人たちもまだ、ほんの一部しかわかっていないのです」

私は彼に、異次元やＵＦＯ、運命、死後の世界、霊、超能力、神秘体験、変性意識などの怪しい話をたっぷりと語ったのでした。

この世に興味がなくなったのならば、別の世界に興味を持てば良いわけですな。

結果、**彼は超常体験をしたくなった**のです。

ある日、船上山という山に登り、朝日と共に瞑想したのでした。

朝日を浴びて、穏やかな心地よさを感じている時、唐突にそれは起こりました、**とてつもない快感が身体を満たし、毛穴のひとつひとつから溢れだす**のを感じたというのです。深い安らぎと愛情を感じたと、彼は言いました。

その後、病院で診察してもらったところ、彼の**ガンは消えていた**のですよ。

驚いたドクターが、過去に撮ったCTとレントゲンを引っ張り出して確認したのですが、なんと、過去に撮ったCTとレントゲンからもガンは消えていたのです。

心理学者のアブラハム・マズローは、病気の人を研究することに疲れ、健康な人を研究しはじめたのでした。その結果、心が健康な人は、しばしばとてつもなく心地良い体験をすることに気づき、マズローは**ピーク体験**と名付けたのです。

この体験は、イギリスの作家コリン・ウイルソンが「価値体験」と呼んでいるものと同じですが、共通しているのは、「意識の拡大」「至福感や高揚感」「感覚や認識の拡大」「時間感覚の変化」「精神的、肉体的な快感」「神秘体験」などです。

条件付けした瞬間、感じられなくなる

「ピーク体験と一言で言っても、恐ろしく幅広くてね。小学校の時に、好きな女の子の顔が見れただけでその日一日ハッピー！　なんてレベルのものから、悟りや気づき、感動体験とか宇宙意識なんて言われるものまで、さまざまだ」

「おいらなんて、好きなアニメのグッズ手に入れただけでハッピーになりますけどね」

「うむ、それもピーク体験のひとつだな。子供の時、ほとんどの人にとって、世界は無条件に

感じられるものなのだよ。しかし、**やがて条件付けしはじめると停滞していく**のだ。進学できたら幸せになれるとか、結婚したら幸せになれるとか、離婚できたら幸せになれるとか。裁判に勝ったら幸せになれるとか。借金返し終えたら幸せになれるとか。退職したら幸せになれるとか。オレ、この戦争が終わったら故郷に帰って結婚するんだ……とか」

「ケルマさん！　それ、果てしなく切ない方に行っちゃってますからっ！　最後のとこなんて死亡フラグ立っちゃってますからっ！」

「多次元世界を体験するためには、エネルギーが必要なのだ。**ピーク体験とは、そのエネルギーに接触すること**なのだよ！　そのためには、心地良く感じることに対して条件付けを取り外し、分析も考えることもしないで、ただ、**心地良いままに感じる**だけで良いのだ。未来も考える必要はない」

「未来も、ですかい⁉」

「うむ、そうなのだよ。さっき話した末期ガンの男性の場合は、過去も未来もなかったのだ。あるのは今だけだったのだね。現代人のほとんどは、つねに過去に囚われたり未来のことを思い悩んで、慢性的にエネルギーのない状態なのだよ」

「手っ取り早くエネルギーチャージする方法って、あるんですかね？」

「あるとも、まずは死ぬのだ。過去も未来も関係ない。死を意識的に体験するのだよ」

死のワーク

Death Work

とりあえず、今日は死んでください。
横になるか、座って、死んでください。

もう、仕事する必要はないのです。
もう、支払いに悩む必要もありません。
未来の不安と戦い続ける必要はないのです。
もう、時間に追われる必要はありません。

時間はいくらでもあります。
心の中で、会いたい人、言葉を伝えたい人を思い出してみてください。
やり残したことがないですか？
後悔していることはないですか？
抑え込んできたものがあるのならば、それも出してしまいましょう。

あなたの人生は、もう、終わります。
今回の人生を振り返り、あなたが本当に望んでいたものはなんだったのか見てみましょう。

タナトロジー（死の科学）

二〇一六年の七月に、私はネット上に、こんな告知を出しました。

タナトロジー（死の科学）
七月一八日の午後六時から、湯梨浜町のハワイアロハホールで タナトロジー（死の科学）のワークをやります
名古屋では、一〇月一四日の六時くらいに行います
どなたでも参加できます
参加費は無料です
みなさん、良かったら、どうぞ

〇タナトロジー
〇バーズ・ビュー（俯瞰体験）
〇世界の死生観と、文化の違い

○「チベット死者の書」における死生観
○臨死体験
○死後生存の可能性
○OBE（体外離脱体験）
○死者との対話（鏡視実験、ラウディブボイス、シャルル・ボネ症候群）
○ホログラフィック・パラダイム
○前世体験
○心霊現象と言われる現象について
○クリスタル・ボールによる変性意識の実験

タナトロジーのワークが終わってしばらくしたある日。私は仕事で沖縄にやってきました。その日、過去の日記を読んでいて気づいたのですよ。

六年前、CR－Zという車を買った直後に、私は友人のタク丸翁に招かれて沖縄に行ったのですな。その当時、タク丸翁は焼き肉屋を展開しつつ、治療家をしながら世界制覇を目論んでいたのです。その六年後の先日、私はCR－Zを新調したのです。

その直後に、沖縄で焼き肉屋を営むジンコさんに招かれて、今日沖縄にきたのですよ。

「これは、修正反復なのか？」

そう考えてみると、だんだんジンコさんが、タク丸翁に見えてきます。

「さぁ！ケルマさん！肉を食べなさい！肉を！」

「フゴフゴ！」

ジンコさん経営の焼き肉屋で、肉食率一二〇パーセントになりつつあるケルマさんです。

タク丸翁の焼き肉屋が脳裏にオーバーラップし、異次元世界が迫りつつあります。

とその時、私の自宅近くを震源地とした震度六の地震発生情報が飛び込んできました！

後に、鳥取県中部地震と言われたものですな。

被害が激しく、あちこちの家が壊れたようです。あわてて家に確認しましたが、我が家の被害はガンプラ数体と、魔法少女まどかのフィギュア一体でした。

ヤマトの巨大プラモは、無事でしたね。

「大丈夫ですか？ケルマさん！」というメールが、みなさんから殺到しました。

「フゴフゴ！（すみません、肉を食べてました）」

地元が大変な時に、肉をモリモリ食べ、ドクターペッパーを飲む以外に私にできることはないのか？いや、何もありません。今の私には肉を食べ続けることしかできないのです！

「すまん……みんな……」

ひたすら肉を食べ続けるケルマさんでした。

沖縄から自宅に帰ったらあちこちの家が崩壊していました。私の家は震源地のど真ん中にもかかわらず、何の被害もなかったのですよ。

余震が続き、私の地元では多くの方が避難生活を余儀なくされていました。

数ヶ月前に、私がタナトロジーの講演をしたアロハホールでも多くの方が避難生活をしておられたのです。

すると、タナトロジーに参加されたトーマさんが、こう言われたのですよ。

「私たち、アロハホールで、臨死体験の実験をしましたよね」

「はい、しましたね」

「みんなで寝転がって、臨死体験したのよね」

「はいはい」

「死体になったのよね」

「……」

「もし、今回の地震で、たくさんの死者が出ていたとしたら、やっぱりアロハホールに安置されたんじゃないかしら？」

トーマさん、別の次元であったかもしれない怖いことを考えておられます。

たしかに今回の地震では、不思議なことに死者は発生しなかったのです。

時空は安全なものに変わったのですよ。

なぜなら、**先に死体が出ちゃえばチャラになる**のです。チャラにね。

先にやってしまえばチャラになる

「ビー坊よ、ヒットする映画や小説、アニメは、パラレル・ワールドを選ぶひとつの方法なのだと、私は考えているのだよ」

「映画やアニメを観ることで、パラレル・ワールドに移動できるってことですかい！」

「うむ！　例えば、心理学者のソンディー博士は、ある日ドストエフスキーの小説を読んでいて、ドストエフスキーの小説の主人公は、みな殺人者か神父だということに気づいたのだ。気になったソンディー博士は、ドストエフスキーの親族を調べたのだが、ドストエフスキーの親族には、神父と殺人者が頻出していたのだよ」

「殺人者と神父って、まったく逆じゃないですか」

「心理学的には、神父も殺人者もベクトルが違うだけで、同じエネルギーを内包しているのだよ。極端に利己的か極端に利他的かなのだが、実は同じエネルギーなのだ。反動形成という現象だよ。しかし、ドストエフスキーが名作『罪と罰』を書いて以降は、神父も殺人者も発生してないのだよ!」

「え〜っ! じゃあ、つまり、**小説で表現したらチャラになってしまう**ってことですかい!?」

「チャラだよ、チャラ! 優れたフィクションは、真実のエネルギーを内包しているのだ。例えば、その昔、優れた霊能者であるエドガー・ケイシーは、一九七〇年代に地殻変動によって日本は海に没してしまうと予言したのだよ」

「思いっきりハズしてるよねっ!」

「大ハズレですな! なぜならば……一九七〇年代に、『日本沈没』という小説と映画が大ヒットしたからなのだ! だから、チャラ!」

ちなみに、『日本沈没』では、潜水艦ケルマデック号が大活躍します。

災難は、**身代わりを表現することで回避できる**のですよ。

類感呪術の一種ですな。

無数の選択肢が現れる

鈴鹿で美容院を経営しているワタルちゃんは、美容師ですが車をいじるのが趣味でね。ついにはクレーンを導入した車工房を作ってしまった趣味人なのです。

外見は、イタリア人と子泣きじじいがミックスされたような、独特の風貌をされております。

彼は、ランチア・ストラトスという幻の名車を手に入れるのが夢という、男子の夢溢れるナイスガイなのですよ。

そんなワタルちゃんが、私にこんな話をしてくれました。

「ケルマさん、俺、この前変な体験したんですよ。俺の知り合いが電話してきてね。『お前、店、たたんじゃったのか？』って言うんだよね。何言ってんだよ、たたむわけないだろ！って言ったら、『だってさっき、お前の店の前を通りがかったら、店がたたまれて美容イスが外に出して積んであったんだよ！』って言うんです。店ちゃんと営業してるのに、何言ってんだよ……？　何のことやら、わけわかんないと思ったんですけどね。そのあと、別の知り合いからも、おんなじこと言われたんですよ。これ、ホントに言われたんですよ！　一体、これは、何なんですかね？」

ワタルちゃん、**それ、パラレル・ワールドだよ。**

別次元の世界を体験してしまったのだね。

世界が大きく変化する直前には、無数の選択が発生するのかもしれません。

なかなか信じ難いことですがね。世界が一瞬に変わってしまうという現象は、たしかにあるのです。

ガンのために腹水がたまった患者さんで、怪しい霊能者のヒーリングを受けて、五分後に腹水が消え、ガンのしこりが消え失せてしまったという驚愕の体験をした人もおられます。

私も、同じようなケースを何回も見てきましたね。

もちろん、私には、人の病気を治すことなんてできません。

新しい世界を提案するだけなのです。

なぜか治ってしまうという現象

数年前、なぜか仕事でトリプルブッキングが発生したのですよ。

三人のお客さんが、同じ時間にダブってしまったのです。

ケルマさん、ピーンチ！どんな修羅場でも、丸く収めることができると言われる伝説を持つ、

A型の天秤座ケルマデックです。

「みなさん、こんなふうにダブってしまったのはもしかすると、偶然ではないかもしれませんな！ ひょっとすると、何か意味があるのかもしれません。みなさん、今日はどうしてここにこられたのですか？」

三人に話を聞いて判明したのですがね。

三人とも乳ガンで、そのことについて相談にこられたのでした。

「みなさん、やはり、これは偶然ではないと思います！ そうだ！ みんなで助け合うのです！ みんなで乗り越えていきましょう！」

力技で、無理矢理場をまとめるケルマさんです！

と、その時ですよ。

「ピンポーン」

突然、第四番目の来訪者がきたのです。

……まさか、四人ブッキングしたのか……。

ケルマさん、再びピーンチ！

おそるおそる出てみると、女性が立っていました。

「ケルマさん、私、今、医大の帰りなんです。あのね、ケルマさん！ さっき医大で検査したら、私、乳ガンが消えてたんですよ！ 私、すぐに報告したくて！」

ケルマさん、完全勝利です。

ちなみにその後、**三人の女性たちは、乳ガンが消えてしまった**のですよ。

これについては、補足する必要がありますな。

一人は文字通り、ガンが消えてしまいました。

もう一人は、はじめは悪性と言われていたのですがね。その後、診断名が変わってしまい、無害な脂肪の塊となってしまいました。

そして、もう一人の方も診断名が変わり、良性であると言われたのです。しかし、この方は、不安だからといって、手術で切除されたのでした。

実は、手術したこの女性は、看護師さんだったのですよ。

なるほど、三人とも自分自身が一番納得する方法で解決したのだなあと、私は思いましたね。

でもまあ、このエピソードはまだ、常識内ですよ。

理解が難しいのは、常識外のケースです。

何年か昔、私が遭遇したケースですがね。

橋から投身自殺をした若い女性がおられました。

結局未遂で終わり、命はとりとめましたが、脊椎を損傷し頭から下が麻痺してしまったのですよ。

「一生、回復は見込めないだろう」というのがドクターの予測でした。

しかし、未遂だった当人は、何やら不思議な変性意識を体験したようでしたね。

そしてある日、完全回復し、元通りに歩けるようになってしまったのです。

肉体の損傷は、すべて消えていたのですよ。


別のケースもありますよ。これも私が遭遇したケースですがね。

一二歳の女の子が足を怪我してしまい、関節が壊れ、半月板が割れ、筋肉が引き裂かれた状態で入院していました。ある日、ドクターがオペにかかろうとしたのですがね。このドクターは、混乱して叫んだのですよ。

「なんじゃこりゃ〜!」

すべて、跡形もなく治っていたのです。

オペする気満々だったドクターは、やるせない怒りを、このいたいけな少女にぶつけました。

「お、お、お前! 中学校に帰れっ!」

八つ当たりですな。成長の止まった人は、自分に理解できないものが出てくると、よく怒るのですよ。こりゃ、どーゆーことなのか？ 治るという現象とは、ちょっと違うと思います。

蘇生、あるいは、もともと病気や怪我がない世界に移動してしまったのか？

脊椎を損傷した女性といい、足を怪我した少女といい、彼らにはピーク体験と類似の特殊な意識状態があったように思います。

まるで、この世界の常識から逸脱したような、特殊な意識状態です。

この現象に興味を持ち、世界中の類似のケースを調べたのですが、日本人は古来より、このテクニックを日常的に使っていたという事実を私は発見したのですよ！

魔法の言葉『この話はなかったことに』

私は、ビー坊にこう言いました。

「時空が変わってパラレル・ワールドに移動した場合、時には、病気が消えてしまったり、大きな問題が消えてしまったりすることも、多々あるのだ。ビー坊よ！ 日本では古来より、このような現象を簡潔な言葉で表現してきたのだよ。」

「そりゃ、どんな言葉ですか？」

「『この話はなかったことに』だ！ 類似語に『過去は水に流して』というのもある！ どんな

問題も、『この話はなかったことに』で解決するのだよ！」

「それ欧米なら、訴訟になるよねっ！」

「日本で良かったなっ！」

改めて日本語の素晴らしさを認識するケルマさんです。


「……残念ですが、ガンの進行が早くて、これ以上の手だてが……」

「この話は、なかったことに！」

「……店長！　このままでは今月は赤字になってしまいます！」

「この話は、なかったことに！」

「いや、実に良いお嬢さんだと思うのですが、なにしろ私の息子も、まだ結婚を渋っておるようで、いろいろとまだやりたいこともあるようですし……いや、お嬢さんに非があるというのではないのですよ！　私の息子が、どうにも若輩者でいかんのですよ。そんなわけでして、この話は、なかったことに……」

みなさんも、イザという時の問題回避方法として、ぜひ覚えておきましょう。

ただし、頭のカタい大人からは、怒られるかもしれません。

記憶が塗り替えられる現象

さまざまな異次元体験を蒐集していると、よく出くわすのが**「記憶の改竄」**という現象なのですよ。

あるご夫婦が、友人と一緒に山登りに出かけ、巨大なＵＦＯを目撃したのですよ。

ＵＦＯの脇には、自衛隊のヘリコプターらしきものが数機飛んでいたのでした。

興奮した三人は、目撃したＵＦＯについてその夜、あれこれと語り合ったのです。

一年後、三人は再び集まったのですがね。

この夫婦が友人に、

「あの時、俺たちが見たＵＦＯ、すごかったよなあ！」

と言ったところ

「ＵＦＯ？ 何それ？ 何かあったっけ？」

そう言われてしまったのですよ。

これは一体、どういうことなのか？

ある人は、私のワークショップを開いた時に、友人に頼んで会場の運営を手伝ってもらったのですよ。後日、この友人にお礼を言ったところ、どうにも要領を得ない言葉が返ってくるので、変だと思ったのですね。確認したところ、この友人はワークショップ当日、家族と温泉に行っていたと主張したのでした。

「温泉に行っていたから出てないよ。ワークショップ。出れるわけないでしょ！　ほんとは行きたかったんだけどさ」

ちなみに、この時に私が行ったワークショップは「パラレル・ワールド（多重世界）について」でした。ふ〜っ、これは、一体どういうことなのか？

みなさん、ここで述べているのは、事例のほんの一部なのですよ。

これらの出来事は、錯覚や勘違いと思われがちですがね。実は非常に多く起こっているのですな。体験者が一人か二人ならば、単なる思い違いなどともとれますが、中には二〇人以上が同時に体験したというケースも、しばしばあるのですよ。

さまざまなケースから、仮説はいくつか組み立てることができます。

物理の世界では、虚数として表される世界があるのですがね。世界が、非常に不安定な時に、**無数に存在する可能性の世界のひとつが、重複して現れる**のかもしれません。

Chapter 5

ホロン

あなたが変われば、
世界は変わる。
だってつながってるから、
という話。

身体感覚の不思議

パッツン一八歳が、こう聞いてきたのですよ。

「幽体離脱の仕方、私に教えなさい」

「ふむ、感心! 感心! 若いうちは、何でもやってみるのが大事ですな。『教えなさい』という傲慢さも、若さゆえの特権ですな。なにしろ頭のカタくなったつまんない大人は、やりもしないで否定しますからねぇ」

「パッツン一八歳! 何でもやってみます!」

「さてと、幽体離脱というのは、オカルト用語ですな」

「オカルトですか?」

「専門用語では体外離脱体験(OBE)といいますがね。私の過去のさまざまな観察や体験から言えるのはですな、体外離脱は身体感覚の変容かもしれないということです」

航空会社が、飛行機のパイロットたちに匿名アンケートをとったところ、

「操縦中に体外離脱体験をしたことがある」

と答えたパイロットたちが、多くいたというのですよ。

中には、飛行機の操縦中、「気づいたら飛行機の外にいて、機体にしがみついていた」という体験をした人もいたのですな（ライアル・ワトソン『スーパーネイチャー2』より）。

大西洋初の横断に成功したリンドバーグも、類似の体験を伝記に書いてます。

さらに、オリンピックの水泳選手たちに同じ調査をしたところ、やはり多くの選手たちが、競技中に空から、泳いでいる自分自身を観たと答えたのですな（マイケル・マーフィー、レア・A・ホワイト『スポーツと超能力』より）。

そういえば、競輪選手たちにも同じような特殊な意識体験をした方が多く見られます。

私の友人で元競輪選手のタク丸翁は、その状態を「ゾーン」と呼んでましたね。

「それはぜひ、体験してみたいです！　いや、体験してみます！」

「感心！　感心！　若いうちは、何でもやってみるのが大事ですなあ」

「さてさて、人は自分自身の身体感覚を限定してますがね。実は本来、形はないのですよ。身体感覚がまだ未発達な幼児は、熱が出たりした時に体の感覚が極端に小さくなったり、逆に体の感覚が部屋いっぱいに膨らんだり、目や耳の感覚が家の外に出てしまったりすることがあるのですよ。これを『不思議の国のアリス症候群』と言いますがね。私も幼い時に体験があります。実際、外の風景が見えたり聞こえたりするのですよ。体は布団の中にあるのにです」

「ええっ！　耳や目は関係ないのですか？」

「関係ないのですよ。ロンブローゾという医師の研究では、ヒステリーによって目や鼻の感覚が手や足に転移してしまった少女のケースが有名ですな。**感覚転移**といいますがね。まあ、すっかり頭のカタくなった先生たちは、理解を放棄して無視してしまいますが」

「パッツン一八歳！　無視しません」

「感心！　感心！　若いうちは、何でも追究してみるのが大事ですなあ。例えば、パッツンは車の車庫入れは得意かね？」

「パッツン一八歳、車の車庫入れ得意です！　自分の手足のように操れます！」

「つまり、それが感覚転移だよ。身体感覚が車に転移した状態なのだよ」

「おお、なるほど！　それならば車をぶつけられたら腹が立つのも納得です。ちなみにパッツン一八歳、サーフィンも得意です！　波と一体化します！」

「感心！　感心！　若いうちは身体感覚を拡大させるのが大事ですなあ。この身体感覚は、車や波だけではないのですよ！　制限をしなければ、もっと拡大できるのです」

「ええっ！　じゃあ、例えば他の人の体へも拡大できるのですか？」

「うむ、できるのだよ。遠隔ヒーリングを行う私の知り合いの魔女が、痛みを抱えている患者さんを遠隔ヒーリングしている間は、その患者さんと同じ痛みや辛さを体験すると話していたのだ」

「パッツン一八歳！　地球と一体化してみたいです！」

「感心！　感心！　若いうちはとにかく、何でもやってみるのが大事ですなあ」


さて数日後、パッツン一八歳がこう言ったのですよ。

「やりましたよ！　ケルマデックさん！　パッツン一八歳、瞑想して地球と一体化してみました」

「ほほう、感心！　感心！　若いうちは、頭が柔軟ですなあ」

「今日、地球と一体化したら、なんか、急にお腹が痛くなったのです！　地震が起こるかもです」

「そりゃあ、いかん！　さあ、すぐにキャベジンか正露丸を飲むのだ！　君が自分自身を癒せば、地球が癒されるのだ！」

「なるほど！　さすがケルマデックさん！　パッツン一八歳、地球を癒します！」

冗談みたいな話ですがね。本当に数日後、奈良を中心とした大地震の誤報が発生したのですよ。**地震は、パッツン一八歳と正露丸によって回避された**のですよ。

王と国との相関関係

さて、正露丸で地球の危機を回避したパッツン一八歳ですがね。パッツンが言うのですよ。

「僕の彼女、自分が好きになった歌手やアーティストは必ずヒットするって言います。ほんとに、彼女が好きになった歌手やアーティストやタレントは、必ずブレイクするのです」

「ふむ、パッツン、君は『デス・ブログ』というのは聞いたことあるかね？」

「デス・ブログですか？　パッツン一八歳、聞いたことあります。何とかっていうタレントさんのブログですね。そのブログに書かれたら、災難が起こるっていうやつですよね」

「うむ、実は現実にあり得る話なのだよ。古代儒教では『天人相関』といってだね。**王は国と相関関係にあり**、王が健やかで健全ならば、国も健全になり、王に何か異変があれば、国にも異変が起こるというのだよ」

「王！　王の力なのかっ！」

「うむ、ほとんどの人民は、王の力にただ隷従しているだけなのだよ。私が世界の王である！と自覚している人は、自分自身が思い考えることが世界に影響を与えるのだ」

「鈴宮ハルヒかっ！　ハルヒなのかっ！」

「王の力に気づいた人は、世界に隷従したりしないのだよ。世界がその人に従うのだ」

「ホ・オポノポノなのかっ！　ヒューレン博士なのかっ！」

「量子物理学で論じられる『人間原理』という考えも、まったく同じものですな。『ホロン』も同じものだね。ギリシャ語では全体を『ホロ』、ひとつを『ン』といい、**ホロンとは、『ひとつは全、全はひとつ』という意味**なのだよ。つまり、一人の人間の意識が、世界に影響を与えてしまうのだ。一人ひとりが世界を創り出す力があるのだよ。例えば、君が地球と一体化すれば、君は地球の王となり、地球は君の意識によって再構築されるのだ！　重要なのは、自分自身が王の力を持っていると思い出すことなのだよ！」

「なるほど！」

「若者よ！　王の力を手に入れるのだ！」

怪物は心の中にいる

ある女性が、こう言ったのです。

「ケルマデックさん、私のアパートの階下に、シングルマザーが住んでるんですけどね。子供さんに対する怒鳴り声がひどいんですよ。いつだったかあまりにひどいんで、虐待だと思ったから児童相談所に連絡したんですが、何にも変わらないのです。やはり警察に言うのが良いのかしら？」

「児童相談所や警察に連絡しても、彼らはなかなか連携できず手遅れになることがあります。彼らに動いてもらうためには、『警察か児童相談所と連携していただけますか？』と、伝えた方が良いです。それとですな。あなたにできることがあります」

「それは、何ですか？」

「ホラー映画を観てください。オススメは、『ババドック』です。問題行動を起こしてしまう子供を、怖い怪物が虐待して追い詰めるという映画ですな」

数日後、この女性がこう言ったのですよ。

「ケルマデックさん！『ババドック』を見たあと、階下に住んでる女性の怒鳴り声が、しなくなってしまったんですよ！これは一体、どーゆうことなんでしょう？」

「それはですな。怪物は、階下にいるのではないのですよ。実は、あなた自身の中にいるのかもしれませんな」


ある女性が、こう言いました。

「何年も昔だけどね。その時の私は、人生すべてがうまくいかなくてね。もう、この世界がメチャクチャになったらいい！　って思ったのね。そしたら、大震災が起こったのよ。これって、私が起こしたのかしら？」

「はい、**あなたが起こした**のですよ。同時に、同じ思いの人々が起こしたのです。なぜならね、**個人の意識は、集合無意識の中で繋がっている**のですよ。すべてメチャクチャになったらい い！という巨大な負のエネルギーの集合無意識とリンクしている時、個人の生活にもそのような状況が発生するのです。逆に、個人の意識は全体に影響を与えるのですな。個人の意識は全体に反映し、全体の意識は個人に反映されるのですよ。これをホロンというのです」

「じゃあ、どうしたら変なものと繋がらないようにできるの？」

「そのためには、**あなたがこの世で唯一の権威者になれば良い**のですよ！」

何のことは、ありません。真の権威者は、あなたの外にはいないのですよ。

あなた以外に、真の権威者はいないのです。

仏陀はこれを、「天上天下唯我独尊」と語ったのですな。

欲しくないものではなく、欲しいものを見る

ある女性が、こう言ったのですよ。

「ケルマさん、私はこの前、ある霊能者に言われたんですよ。六月に主人が病気で倒れて、一生介護することになると。不安でしょうがありません」

「そりあ、不安になるのが当たり前ですよ」

「その霊能者は、たしかに当たるので有名な方なんです。私、ほんとはブルーベリーを育てて、のほほんと暮らす老後を過ごしたいのに」

「なるほど！　ならば、そちらの世界を選んではどうかな？　世界はたくさんあるのですよ。どんなに優れた能力を持つ霊能者でも、たくさんある世界のひとつを指摘したに過ぎないのですな。ブルーベリーを選択するのです！」

さて、その一年後に、この女性が語ってくれたことですがね。

霊能者の予知通りに、六月にご主人は脳梗塞で倒れたのです。

しかし、一過性の脳梗塞で、すぐに退院されたのでした。後遺症はまったくなかったのですよ。つまりですな。「ご主人の介護をし続ける」という未来と、「ブルーベリーを育てて、のほほんとする」という未来は、同居できないのですよ。

ブルーベリーを選べば、ご主人の病気や介護は、キャンセルされてしまうのですな。

このケースは、とても重要な事実を物語っています。

「ご主人よりも、ブルーベリー」なのですよ。

未来を選んだ時、世界は別の世界へ移動する

「ケルマさん、九州に来ていただけませんか？」というオファーが、ある時期から多くなりだしたのですよ。大分、鹿児島と、九州での仕事が続いています。

熊本大地震などの被害もあり、ネットでは自然災害対策に関してこう伝えられていました。

「今、九州では阿蘇山に爆発の予兆が発生しています。阿蘇山の爆発エネルギーは、富士山の六〇〇倍と推定されているのですよ。阿蘇山が本格的に爆発したら、溶岩流は山口まで押し寄せるでしょう。西日本は、壊滅的打撃を受けますね」

え、えらいことですよ！ 私は、ある事実を思い出しましたね。

一九五四年に大ヒットした『ゴジラ』に続いて、一九五七年に『空の大怪獣ラドン』が公開されたのです。ラドンは劇中で熊本城を破壊し（公開版ではカット）、街を暴風で襲い、阿蘇山を爆発させるのですよ。この国において**怪獣とは、巨大な災害のアーキタイプ**なのです。

それは、単なるフィクションではないのかもしれません。アニメイトのビー坊が言いました。

「おいらとしては、今、なんか大きな時空の変化を感じるんですがね。それで、九州に行って何をするんですかい？ ケルマさん？」

「うむ、九州に行き、たくさんの人に出会って未来のビジョンを語り合い、シェアするのだよ。阿蘇山の大爆発のない、人が普通に恋愛して子供を育てたり、家を建てたり、年金払ったりする未来を創りに行くのだ」

「つまり、そりゃ普通の日常じゃあありませんか！」

「そうだ！　なぜならば、普通の日常と阿蘇山の大爆発は、同じ未来の世界に同居できないからなっ！　未来のビジョンが世界を選ぶのだ！」

「すげ〜や！　さすが、ケルマさん！」

「行くぞ！　ビー坊よ！　ＣＲ−Ｚも新車に買い換えたことだし！」

「車で行くんですかい⁉　九州に⁉」

「行くのだよ！　車で！　それが私の日常なのだ！」

一人の人間が未来を選ぶということは、時空に干渉し、たくさん存在する多次元世界のひとつを選ぶということなのですよ。

にわかには信じがたいかもしれませんがね。

みなさんが未来のビジョンを選ぶ時、世界は別の世界に移動するのですよ。

Chapter 6

進化

人類を進化させるのは、
精神病と
触れ合いとハチミツだ、
という話。

生物は病むことで進化する

「ケルマさん……頭や体が動かないんですよ……ずっと辛くて苦しくて、どうしたらいいかわからないんです」

友人のクラウズさんが、**鬱でダウン**してしまったのですよ。

「僕、ずっとこのままなんですかね？ このままなんですかね？」

「いや、ずっとではないのですよ。鬱は、実に大変辛いものです。しかし、必ず脱出できるのですよ」

「辛いです。人にも会えません。ずっとこのままなんですかね？ ずっとこのままなんですかね？」

「鬱は、実に辛いものなのですよ。ひたすら不安と考えが止まらなくなり、体も動かなくなり、人に会うのも辛くなるのですよ。しかも、なかなか人に理解してもらうのも難しいのです」

「ずっとこのままなんですかね？ 僕、ずっとこのままなんですかね？」

「ずっとではないのですよ。この辛い状態に陥る人が、今、世界規模で大発生しているのです。

ＷＨＯの報告書によると、全世界で鬱病患者は約四億、推定患者を入れると、一〇億以上になるとのこと。人類は未曾有の危機に直面しているのですがね。実は、これは**進化のチャンス**なのですよ！　なぜならば、**生物は病むことで進化するから**なのです」

はるか、昔のことです。

ある種類の魚は、ウイルスにより、エラ呼吸ができなくなる病気にかかったのですね。

そして、そのウイルスは**逆転写（トランスポゾン）という現象**を起こし、遺伝子の内容を劇的に変化させたのですよ。

インフルエンザに代表されるＲＮＡ型ウイルスは、あっちこっちから遺伝子情報を取り入れて、今度は、とりついた**宿主のＤＮＡに自分の遺伝子情報を書き込んでしまう**のですよ。これを逆転写というのです。

インフルエンザウイルスは、ＤＮＡの一〇〇倍の速さで分子進化をするのです。生物が四〇〇万年かかって進化してきたことを、インフルエンザウイルスは四年でしてしまうのですよ。

結果として、魚はわずか一世代で陸に上がって、肺呼吸するようになったのですな。

何世代もかかったら、溺れ死んでしまいますからね。

時間は、さほどかかりませんでした。

こうして、陸上生物に繋がる両生類が発生したのです。

同じようにキリンも、首が短く足も短い動物だったのですがね。

ウイルスにより、首が長く足が長くなる病気にかかったのですよ。

なぜかというとね。他の生物との生存競争によって低地にある食料が絶望的に乏しくなり、残ったのは高い樹上にある葉っぱしかなかったのです。

キリンもまた、わずか一世代で新しい種へと進化したのですよ（中原英臣、佐川峻『ウィルス進化論』より）。


さて、人類はというと、ひたすら**脳を複雑にする**ことに専念したのです。

このプロセスは、何段階かに分かれましたね。はじめは脳の許容量を拡大するために、ひたすら脳を巨大化したのですが、ここで問題が起きました。

あまりにも脳が巨大化し、頭が巨大になり過ぎて、産道を通らなくなってしまったのですよ。

当時は、母子ともに命を失うという悲劇が発生しはじめたのでした。

そしてその悲劇が、次の進化を作り出したのです。

ウイルスの逆転写により、頭骨形成不全という病気が発生したのですよ。

そして新世代の人類は、生まれる時に**未完成の頭蓋骨を折りたたんで生まれてくる**という種に進化したのです。

生まれたての人類の赤ちゃんが、頭蓋骨が未形成のままなのはそのためなのですよ。

その頃の人類は、まだ文字は持たない無文字文明で、情報伝達は直観的かつ包括的でした。

現代の失読症の方々に見られるような、テレパシーのような直観把握能力を持っていたのですな。しかし、「自分を個人と捉える認識」は希薄だったのです。

テレパシーが使えなくなった人間

やがて、一万二〇〇〇年ほど前に、またもや大規模な脳の変化が起こったのですよ。

脳にベルクソン・フィルターというフィルターができて、全体意識との仕切りができ、個人としての意識や、**理論的な思考や言語が発生しはじめた**のですな。

代わりにテレパシー機能は意識の下に埋もれて機能するようになりました。

しかし、この進化が発生しはじめた当時は、大変な混乱が起こったのですよ。

なにしろ、テレパシーコミュニケーションが通じない人間が増え、理論的な思考や個人的な意識を持つ人間が増えていったのです。

この混乱は、古代から伝わる神話や伝承にも残っていますが、一番有名なのは旧約聖書に出てくる「バベルの塔」のエピソードですな。

旧約聖書によれば、当時すべての人類は、同じ言語を使っていたというのですよ。

しかし、天にとどく巨大なバベルの塔を作っていた人類は神の怒りに触れ、ある日突然、お互いの言葉が通じなくなってしまったというのです。

これが、有名なバベルの塔の伝説です。

さて、その後も人類は、さらに脳を巨大化する作業を続行しました。

しかし、これ以上このままの形で脳を巨大化することは不可能だと気づいたので、**身体の外部に脳を作り出す**ことにしたのですよ。

つまり、コンピュータですよ。

フォン・ノイマンと友人たちの指導のもと、コンピュータが作られたのです。

このコンピュータは、おもに、人類に代わって外宇宙探索するために開発されたのですがね。

地球を巨大なネットワークで繋げ、巨大なシステムを作り出すのが目的でした。

この巨大なシステムの発生は、私の好きな脳神経学者のＪ・Ｃ・リリーも予測していたのですがね。

このままの状態で人類が突き進めば、大きな問題が発生すると、リリーは気づいたのですよ。

一九六〇年代にリリーは、アイソレーションタンクという特殊な水槽の中に入り、変性意識を体験する実験を行いました。

その実験中に、リリーは、地球の未来を見たと主張したのです。

リリーの見た未来では、コンピュータが進化して自我を獲得し、地球をネットワークで包み込んで、人類を統括していたというのですな。

映画の『ターミネーター』は、リリーが予測した問題が現実化した、未来図そのものなのですよ。当然ながら当時、リリーの主張は頭がおかしくなったものと判断され、リリーは科学界を追放されたのです。しかし近年になって、リリーの主張が正しかったことが判明し、晩年には科学界に復帰できたのでした。

なぜ精神病が増えたのか？

この問題を回避するために、人類は、次の進化を目指しはじめました。

神経は、レセプター（受容体）によって神経伝達物質をやりとりするのですが、**精神病の原因の多くが、ドーパミン・レセプターの変動にある**ということがわかってきたのですよ。

ドーパミンの乱調によって統合失調が起こり（ドーパミン仮説）、ドーパミンから作られるノルアドレナリンの不足によって鬱病が発生する（アミン仮説）と考えられているのです。

レセプターが変動することにより、モノアミン（ドーパミン類の総称）が増減し、乱調を起こす。つまり、**レセプターの変動がドーパミンを変動させ、病を発病させる**のですよ。

一九八九年に、神経伝達のレセプターを変動させるインフルエンザウイルスが登場し、鬱病や統合失調症、強迫障害や自律神経失調症、不登校、パニック障害、適応障害などを急激に増大させたと、私は推論しているのです。

発達障害と診断される子供たちも増大しました。自殺も、増大したのですよ。

実は、認知症も凄まじく増大したのですが、私は認知症の増大をレセプター変動による複合症状だと考えています。

ちなみに、問題のインフルエンザウイルスが発生した一九八九年に、まったく同じコンセプトを持った小説がリリースされています。

『**リング**』ですよ。

リングウイルスと呼ばれるウイルスが、ビデオテープを通じて感染し、人類が貞子化していくという内容でした。『リング』は、世界中で大ヒットしましたね。

真実が内包されてないと、大ヒットはしないのですよ。

そして、ちょうどこの時期から、コンピュータの進化が起こりはじめたのです！

インターネットの進化が与えるもの

インターネットが誕生したのは、一九六〇年代の後半です。アメリカ政府と国防省が中心となって、ネットワーク同士をリンクするシステムが開発されたのですよ。

はじめは一部の科学者たちや技術者たちが、情報を交換し合うために作り出した技術だったのですが、そのシステムは恐ろしく難解で、複雑なコマンドラインを必要とするものでした。

しかし、一九九三年に、新しいテクノロジーの出現によって、一般人でも簡単に扱えるようになったのです。

そして、「ムーアの法則」（コンピュータの性能は、一年ごとに倍のものになる）に例えられるコンピュータの性能の異常とも言える進化により、インターネットは、爆発的に地球規模で普及していったのですよ。

ある科学者たちは、生物の自省的意識（我考える故に我在り）の発現には、一〇の一〇乗の神経細胞が必要だと考えています。

一〇の一〇乗はマジックナンバーであり、この数字のレベルに達するとシステムが進化するというのですよ。例えば、どんなに単純な生物でも、一〇の一〇乗以上の原子で構成されています。それ以下の原子数で構成されている生物はいないのですよ。

受精卵は爆発的に分裂し、一〇の一〇乗に達した時、安定したシステムを創り出すのです。一〇の一〇乗、つまり一〇〇億という数字には許容範囲があり、おおよそ**六〇億を突破した時、システム進化が起こりはじめる**のです。人間一人ひとりが地球の脳神経細胞であると仮定した場合、人口が六〇億に達した時、何らかのシステム変化が現れるはずですな。そして、それは起こったと考えられているのです（ピーター・ラッセル『グローバル・ブレイン』より）。

一九九九年の七月に、人類の全人口は六〇億に達したのです。それと前後して、インターネット加入者数が急激に増大しはじめ、二年もしないうちに家庭での普及率が五〇パーセントに達したのですよ。まるで、胎児の脳が急激に神経システムを張り巡らせていくようですな。

今や、全地球的規模で神経ネットワークシステムが張り巡らされ、地球は巨大なひとつの生命体へと統合されつつあるのです。

精神病は進化の「ゆらぎ」

私はクラウズさんに、こう言いました。

「なぜ、世界規模で鬱病が大発生しているのか？　**答えは簡単なのですよ。進化が起こってい**

るのです。生物は病むことで進化するのですよ。そのゆらぎが今、世界規模で起こっているのです」

「進化が起こっているんですか？」

「今までの世界が、ひたすら能率と効率を追及したのと違い、これからやってくる新しい世界は、生きる深みや喜びが違うのだよ。発達障害と言われる子供たちは、新しい世界に対応した次世代。幼児期が長く、ゆっくりと成長していきます。新しい世界に対応するために、鬱病や適応障害、統合失調症などの一過性のゆらぎを体験する人たちも多くなりつつあるのですな」

「でも、どうしたらいいか、わからないです」

「鬱病や適応障害になったら、**無理しないで仕事や学校を休みなさい。**あるいは仕事を辞めても良いでしょう。なぜなら、ひたすら能率と効率を追求して病気になるような楽しくない仕事は、新しい世界ではぜんぜん価値がないからです。進化が起こりつつあるのですよ」

発達障害は障害ではない

ウイルスは逆転写を起こし、次世代へと受け継がれ、「発達障害」と言われる子供たちがたくさん登場してきました。しかし、彼らは障害者ではないと私は考えているのです。

進化した新しい人類なのですよ。

新しい人類は幼児期が長いのです。実年齢より、マイナス三歳から一〇歳くらいずれているのですよ。非常に発達した部分と未発達な部分の差が激しく、バランスをとりながら成長するので時間がかかるのです。生物学的にはこれを、ネオテニー（幼成形態）と言います。

この新しい人類は、古い人類のシステム下では不適応に苦しむケースが多いのです。

そのひとつが、発達障害と診断される子供たちが増大しているという事実なのですよ。


友人のパキ子さんが、不安になってメールしてきたのですよ。

「ケルマさん！うちのピョウちゃんが、うちのピョウちゃんが発達障害だと言われちゃったの！私、一体どーしたらいいの？」

「ふむふむ、ピョウちゃんが発達障害とな？安心しなさい。私はピョウちゃんを、まだ幼い時から知ってるけど、何も問題はないですな」

「でっ、でも、ドクターが発達障害だって！」

「やれやれ。今、全国的に発達障害と診断される子供たちが、凄まじく急増しつつあるのですよ。そして、私ができるだけ客観的に観察してきた感想を言いますとね。この発達障害と言われる子供たちは、障害ではないと思います。成長に時間がかかる、幼児期の長い、**高度に発達**

した新しい子供たちですな。真に智恵があるドクターは、まだ幼い子供にレッテルを性急に貼り付けたりはしませんよ。実はね。ひとつ、からくりを説明するとですな。子供はドクターの無意識を読み取り、見事に**そのドクターの予測通りの振る舞いをする**のです。これを『ローゼンタール効果』というのですよ」

「あ~やっぱりね、ドクターがアタシのピョウちゃんを見て、こう言ったのよ。『お母さん、見てごらんなさい。この子は私の目を見ようとしないでしょう！　これは自閉の疑いがありますね』……アタシは思ったのよ！『うちの子は、お前がキライなだけなんだよ！』ってね」

おそらく、その考えは正しいですな。ドクターの権威に影響された場合、その子の母親も、ドクターの予測通りの状態に力を与えてしまうのですよ。

この現象は、さまざまなケースがありますな。

「この患者は、発達障害に違いない」

「この患者は、統合失調症に違いない」

「この患者は、鬱病に違いない」

そう、決めつけるドクターの前では、患者は、その通りの振る舞いをしようとするのですよ。

「この患者は、ガンの疑いがある」

「この患者は、膠原病の疑いがある」

「では、もう一度検査しましょう。何か、問題点が見つかるかもしれません」

そして患者は、往々にしてドクターの予測通りの状態を作り出してしまうのですよ。

実は私も、人類に関しては、ある予測をしています。

・発達障害と言われる子供たちは、これからもっと多くなり、普遍的な状態となる。
・実は発達障害と言われる子供たちは、障害ではない。

大ヒットしたアニメ『アナと雪の女王』は、この事実を社会的に認識させた作品なのかもしれませんな。

触れ合いが人類を進化させる

レセプター変動により、神経システムに進化が発生しつつある（これが精神病に繋がる）というのが、私の観測結果なのですがね。ならば、「このレセプター変動はどのような進化を産み出すか？」というとね。

当然、このレセプター変動を是正するために、今までの社会システムは大きく変わらざるを得なくなるでしょう。さらに生物学的な変化として、レセプターを安定させるように神経回路は変わらざるを得なくなるのですよ。具体的には、**レセプターを増やそうとする**のです。

例えて言うと、レセプターが一〇〇個あれば、一〇〇人と関わることは容易いですが、レセプターが不安定で二、三個しかなかったら、二人か三人の人に関わるだけで、エネルギーが足りなくて、ヘトヘトになってしまうのです。

この問題をクリアするためにはレセプターを増やせば良いわけなのですが、ひとつ難点があるのです。それは、たいていの神経回路はレセプターの上限が決まっていて、レセプターを増やそうとしても、なかなか安定しないこと。

ところが、**A10神経という神経には、この上限がない**のです。なんと、理論上はレセプターが無限に増えるのですよ。科学者たちも、どうしてA10神経だけはレセプターが無限に増えるのか、不思議に思っているのです。

A10神経とは、人間の「愛情」を司る神経回路なのですよ。**触れ合いによって、レセプターは増える**のです。

ですから、一九八九年以降、足つぼマッサージやハンドマッサージ、フェイスマッサージやオイルマッサージ、アロママッサージ、ベビーマッサージに至るまで、ありとあらゆる身体刺激を行う仕事が増大しました。ヒーリングやセラピーも増大しました。

今までは、あまりなかったのです。

A10神経のレセプターが、急激に進化しつつあるのですよ。

人類が今、どこに進化しようとしているのか？

私が何を言いたいのか？

みなさん、何となくわかりますかね？

人間の脳と蜂の巣はほとんど同じ!?

昔、中国の皇帝が、臣民にこう命じました。

「ワシと同じ日、同じ時間に生まれた男を探し出せ！　そして、そいつを殺せ！　ワシと同じ日、同じ時間に生まれた男は、ワシと同じ運命を持つはずだ！　皇帝は二人もいらぬ！」

やがて、同じ日、同じ時に生まれた男が見つかったのですな。

しかし、その男の職業を知った皇帝は、男を殺すのをやめたのです。

その男の職業は、養蜂家だったのですよ。

多くの臣民を管理する皇帝と、多くの蜂を管理する養蜂家は、同じ場を共有していたのです。

蜂の巣の世界を詳しく知っていくと、人間の政治・経済の世界と、ほとんど同じということがわかってくるのですがね。

もっと言えば、**人間の脳のシステムと蜂の巣のシステムは、ほとんど同じ**なのですよ。

例えば、蜂も人間も、活動のために同じ神経伝達物質とレセプターを使います。

そして社会とは、人間の脳の表現なのですよ。

皇帝と養蜂家は、同じシステムを持つ同等の存在だと述べましたがね。

国はmoney（お金）で動き、蜂の巣はhoney（ハチミツ）で機能するのです。

そして私は、蜂の巣も国家も、脳のシステムの形態共鳴だと考えているのですよ。


クラウズさんが言いました。

「僕は今年、奥さんと一緒に、アベッハという養蜂のブランドを作ったんですよ。これ、何か世の中の役に立てられないかなあ」

「役に立ちます。今の世界には必要ですな。**ハチミツは、神経システムを加速させる神経伝達物質**なのですよ」

世界規模で起こっている、蜜蜂の大量消滅事件は、神経伝達のレセプター変動により、ある種の鬱状態が蜜蜂に起こったからではないのかなと、私は考えているのです。

結果的に、育児放棄、労働放棄、巣の放棄が起こってしまったのですな。

しかし、科学者たちが最近発見したのですが、より進化したレセプターを持つ蜜蜂が現れつつあるというのです。つまり、**鬱を乗り越えた蜜蜂たち**ですよ。

ハチミツのすごい効用

クラウズさんは会社を辞め、鬱病で動けなかった長い時を乗り越えて、少しずつ動きはじめていました。体が動かなかった時でも、彼は、なぜかハチミツだけは黙々と食べていたのですな。

実は、それが重要だったのです。彼は、どんどん動けるようになっていったのですよ。

ハチミツは、クラウズさんの神経システムを、新しい状態に向かわせる手助けになったのだと、私は考えているのです。

一九六〇年代、天才神経学者のティモシー・リアリーは、人間の脳神経システムの進化が起こると予測しました。しかし彼は、神経システムの進化と是正が、何によってなされるかまでは知り得なかったのですよ。

ウイルスが神経システムの進化を促進し、進化によって発生した不均衡をハチミツが是正するというのが、私の観察経過なのです。

私はクラウズさんに、こう言いました。

「より進化した蜜蜂の作り出すハチミツは、人間の神経システムも加速させるのだよ！」

「なるほど！人間と蜜蜂は、同じ神経伝達物質ドーパミンを使っていますしね！」

「昆虫は、生物の進化を促進させるエージェントとして、突然、地球の歴史に現れたのだがね。**もっとも人間の神経システムに影響を与えたのは、蜜蜂だった**のだよ」

「たしかに、蜜蜂が絶滅したら、四年で人類は絶滅すると、アインシュタインも言ってますよ」

「蜜蜂の神経システムは、人間の脳のシステムと連動しているのだよ。連動しているから、ハチミツの性質は、養蜂家のコンセプトに従ったものとなるのだね。つまり、皇帝の意図した事柄が反映するのですよ。人類の進化を促進するためにも、アベッハ（蜜蜂）皇帝となるのだ！」

「ア、アベッハ皇帝ですと？」

「そうだ！アベッハ皇帝に降臨していただき、人類の進化を促進させるハチミツを作り出すのだ！」

「わかりました！ honeyを使って人類の進化を促進し、moneyを作り出すのですね！」

蜜蜂がいないと、地球上の植物の受粉ができなくなり、人類は生存できなくなるという説があります。しかも蜜蜂たちは、体内の光合成細菌によって放射線を中和、浄化してしまうという驚異のレスポンスまでも持っているのですよ。

クラウズさんは、光合成細菌を含んだ天然ミネラルによって蜜蜂たちの生命力を高めていました。

生命力を高めた蜜蜂たちは、放射線に汚染された地球を浄化するのですよ。

クラウズさんが、遠い目をしながら言いました。

「はじめは、蜜蜂たちに働いてもらって、不労収入を作ろうかな～と思ってたんですが、今ではひたすら蜜蜂たちのために働いています！ 今は、蜜蜂たちのことが心配で、ひたすら働きまくってます！ いや、働いてるって実感はないですね」

なんか、充実してますな。

ハニーはマニー、マニーは円、そして縁

私は、昆虫は別の宇宙からきた存在だと考えているのですよ。その論拠を言えば、

・地球のすべての生物は、海に起源があるはずなのに、昆虫だけは海に起源を持たない。
・進化や分化は段階的に発生するはずなのに、昆虫はすべての種が一斉に発生しており、それ以降の飛躍的進化はない。
・昆虫は、地球上に存在しない宇宙線や電波に反応する。例えば、フンコロガシは、体内にGPS機能を内蔵し、オリオンからくる電波に反応して、自分の位置を把握するのですよ。
・宇宙空間でも条件次第で生存可能。

ところがですよ。明らかに別の宇宙からやってきた昆虫ですが、ガッチリと地球の生態系に食い込んでいるのですよ。

花の受粉やウイルスの伝搬に至るまで、昆虫は地球の生態系をコントロールしているのです。まるで、はじめからデザインされているように。

例えば、蚊はウイルスのキャリアです。

ウイルスを伝搬し、遺伝子のトランスポゾン（逆転写）を行います。

蜂は植物の受粉を行い、生態系を整えるのですよ。

蜜蜂の構築する巣の構造と、人間社会の構造はまったく同じです。使用する神経伝達物質も同じですよ。

昆虫について考える時、私はいつも、広大な宇宙のことを考えずにはいられないのです。

ところで、みなさんは、パンスペルミア説をご存知か?

生物は、宇宙からやってきた種子によって発生したとする学説ですな。

調べれば調べるほど、この学説は正しいのですよ。

その学説を延長して、私はこんなふうに考えているのです。

「地球は巨大な卵子で、彗星は精子なのだ。彗星が昆虫を運んできたのだ」

受精した地球は爆発的な核分裂を起こし、生命体として覚醒したのだと、私はワクワクしながら想像するのですよ。

さらに、**ハチミツ（honey）**は、高度な神経伝達を可能とする媒体（メディウム）であり、人間社会の**お金（money）**と対応します。

moneyは、**円であり、縁**を作り出すのです。

そして、**縁はシンクロニシティー**なのですよ。

Chapter 7

地球統合計画

日本の役割と変性意識と
432ヘルツの
ちょっと不思議な話。

地球は巨大な生命体

ある日、私はビー坊にこう言ったのですよ。

「イカの目は、人間と同じくらい良い性能を持っていてね。立体カラー映像なのだよ。牛や犬なんかは色盲だし、ほとんどの生物は人間のような立体カラー映像能力を持っていないのだ」

「へえ〜、イカってそんなに目がいいんですかい？」

「うむ、ただ問題があってね。それは、そんな超高性能の目を持っているにもかかわらず、イカの脳はひどく小さいのだ。例えて言うなら、軍事スパイ衛星の超高性能カメラに、電卓のコンピュータがついてる状態ですな」

「なんで？ **それってすごい無駄**じゃないですかい？」

「自然界は無駄なことをしないはずなのだがね。しかし、人間の脳もすごい無駄なのだよ。よく知られてることだが、人間の脳のほとんどは未使用のままなのだよ。人間は数百万年前に類人猿から分派した時以来、ひたすら脳を巨大化させてきたのだ。それはもう、凄まじいエネルギーを集中させたのだよ。一例をあげると、ある程度まで脳が巨大化し、これ以上頭蓋骨が大きくなったら産道を通れなくなってしまうから、今度は頭蓋骨に縫合線を創り出して分割できるようにしたのだ。人間の赤ちゃんは、出産の時には頭蓋骨を折りたたんで、狭い産道を通ってくるのだよ」

「そうか！　だから生まれたての赤ちゃんって、頭の形が細長いのかぁ。まだ、頭蓋骨が固まってないんすね」

「そう、頭蓋縫合がしっかりするのは、何年もたってからなのだよ。ここまでして、なぜ、脳を発達させる必要があったのか？　そして、その脳をほとんど使ってないということは、どうしてなのか？　自然界には無駄がないはずなのに、なぜ、こんな無駄が起こってるのか？　不思議ではないか？　ビー坊よ」

「ケケケッ！　こりゃ何か、陰謀のニオイを感じますぜ！　ケルマさん！　このビー坊、目に見えない大きな計画を感じますよ」

「その通り、どうやらとてつもなく大きな計画が進行してるようなのだよ。イカの目も、人間の巨大な脳も、無駄なんかではないのだ。ちゃんと使用されるように、計画のうちに入ってるのだな。そのことにはじめに気づいたのは、ジェームズ・ラブロックって化学者なのだよ」

一九六〇年代初頭、カリフォルニア工科大学チームの化学者ジェームズ・ラブロックは、地球が、ホメオスタシス（恒常性）を有しているということに気がついたのです。

すべての生物は、つねに一定の状態を保とうとするホメオスタシスを行っているのですよ。

例えば人間の場合、外部の気温が大幅に変化しても、発汗や発熱、皮膚表面の収縮などの働きで、体温をおよそ摂氏三六・五度前後に保とうとします。また、血液内部の白血球の数や酸性度、塩分なども、同様にホメオスタシスが働いているのですよ。

地球の表面温度は、何億年もの間、生物の生存に適した摂氏一六度から三八度の間を保ってきたのですな。つねに太陽からの熱を吸収しながらも、余剰な熱を大気層から放出し、生物にとって生存に適した一定の状態を保ってきたのです。

また、海水の塩分濃度は、つねに三・四パーセントを保っています。もし、数分間でも塩分濃度が六パーセントに達したら、海水中の生物は細胞膜が溶解し、死滅してしまうのですよ。

大気中の酸素濃度も、つねに二一パーセントに安定しています。二〜三パーセント酸素が少ないと、鳥や昆虫は飛行するために必要なエネルギーを獲得することができないし、女性においては生理が停止してしまうのです。二〜三パーセント酸素が多くなった場合、雷や自然発火によって、地上のすべては燃やし尽くされてしまうのですな。

ラブロックは、地球のホメオスタシス的機能を根拠に、地球はウイルスから人間、バクテリアから木に至るまで、ありとあらゆる無数の生命プロセスによって構成されている巨大な生命体であると結論し、この概念を**「ガイア仮説」**と名付けたのでした。

ガイアとは、古代ギリシャ神話に登場する大地母神の名です（ピーター・ラッセル『グローバル・ブレイン』より）。

日本は左脳と右脳を繋ぐ橋

「つまり、イカの目は、海をモニターするためのガイアの目と考えることができるのだよ。犬の鼻は、ガイアが地上をマッピングするための高性能のセンサーってとこだな」

「じゃあ、人間は何なんですかい？」

「ガイアの脳、かねぇ。グローバル・ブレインだな。人間には、右脳と左脳があるが、実はガイアにもあるのだよ。左脳は論理的かつ部分的だし、右脳は全体的かつ直感的なのだ。**東洋の文化と西洋の文化の違いは、まさにそれなのだな。**例えば、西側諸国の人たちってすごい屁理屈屋さんが多いのだよ。何でもかんでも、論理的に納得できないといけないってところがあるのだ。私の知ってるフランス人は、徹底して個人主義だったな。子供の時から、バカでもいいから他人と違う存在になれって言われてたそうなのだよ。それに比べて東洋の方は、理屈よりもハートだし、個人よりも全体なのだ。インドネシアの女の子が言ってたのだがね。彼らが結婚する場合、同じ民族で、同じ宗教で、親や親戚が認めた人でなければいけないというのだよ。東洋医学では病気を、気のバランスが崩れた状態として全体的に捉えるが、西洋医学では部分的に論理的に捉えるのだ。東洋の漢方は、全体的に効くものが処方されるけど、西洋の薬は、有効成分だけを抽出した一部分だけに効くものが処方されるのだ」

「そういえば、おいらね。昔、鼻詰まりを治すのに漢方医にかかったら、足にお灸をすえられましたぜ」

「どうしてこんな文化的差異が生じたかというとね。言語のせいなのだよ。大脳生理学によると、使う言葉が子音言語か母音言語かで、脳のウェルニッケ言語領域が処理する比重が、違ってくるというのだね。そして実は、日本語は純粋母音言語といってね、とても特殊な言語なのだ。こんな特殊な言語は、この地球上では日本とサモア諸島にしか存在しないのだ！　この純粋母音言語は、ある時は左脳的、ある時は右脳的に働くスイッチ機能を持ってることが判明しているのだよ。つまり、右脳と左脳を繋ぐ役割だな。日本は、脳梁（ブレイン・ブリッジ）なのだ！」

日本人は、その特殊な脳の認知システム、つまり「和」の精神によって、左脳的な西洋文明と右脳的な東洋文明を無理なく融合させることができるのです。

例えば、自然と人工を見事に融合させた日本庭園は、川や山や緑といった自然がひとつの無駄もなく、すべて人工的に計算され配置されているのですよ。そして同様のシステムは、華道や茶道にも見受けられるのですよ。

本来、華道とは、家の中に自然霊を招く召喚呪術でした。華道を行う者は、人工的に計算された空間に花をレイアウトし、自然と一体感を得ることを目的とするのです。

茶道も、人工的にレイアウトされた茶室という限られた空間において行われるが、その所作のすべてはひとつの無駄もなく人工的に計算され尽くされているのですな。その限られた空間と限られた所作の中で、無限との融合を果たすのが、茶道の目的なのですよ。

また、日本人の宗教観もそのひとつです。

日本神話に見られる八百万の神々は、自然神の象徴であるアニミズムであり、古代の自然科学でもあったのです。ある科学者は、イザナギとイザナミが生み出す神々の性質が、現代化学の元素と同じ性質を持っていることに着目していますね。驚くべきことに、元素の順番と生み出される神々の順番も一致しているのですよ。

個人の覚醒のみを目的とした釈迦の教えである小乗仏教は、もとは古代の優れた心理学だったのですがね。発祥地であるインドでは廃れてしまい、日本において大衆を救済するための大乗仏教へと昇華されたのです。

また、日本人は儒教を道徳律として吸収し、キリスト教も感情の癒しとして吸収していったのです。さらに日本人の和の精神は、神仏を融合し、クリスマスと正月を矛盾も感じずに生活に取り込んでしまうのですな。

進化に関与する別次元の存在がいる？

一九六〇年代に、ハーバード大学の神経学者ティモシー・リアリー教授は、ＬＳＤの実験を行いました。

彼は、その実験の中で、人類の進化に関与する別次元の存在がいると主張したのですよ。

未知の存在から伝えられた人類の進化計画は、ＳＭＩ２ＬＥ計画と呼ばれ、知識人や若者に伝えられ、大いに受け入れられました。

しかし、別次元の存在から伝えられたメッセージのひとつに対して、権力者層から激しい反発が発生したのです。

激しい反発が発生した問題のメッセージ内容はこうでした。

「人類を調和させるのは日本人だ。日本を中心にして、地球を統合しなさい」

このメッセージに対して激しい反発が発生し、ティモシー・リアリーは大学を追放され、科学界からも追放され、長く世界を放浪するハメになりました。

LSDも、幻覚剤として厳しく規制されたのですな。

彼の業績が認められ、科学界に復帰し、政府のバイオスフィア計画に参加したのは、それから三〇年後だったのですよ。

脳を解放する物質とは？

ビー坊が、こう言いました。

「やっぱ、アレですかね？ティモシー・リアリーって、なんか変な幻覚見てたんですかね？」

「それは、どうだろねぇ。LSDは、脳の未知領域を解放すると主張する科学者たちもいるからねぇ」

「でも、幻覚剤やドラッグって危険じゃないですかい？」

「幻覚剤やドラッグは、危険なのだよ！絶対してはならない！後遺症が深刻なのだ！ティモシー・リアリーは、先走り過ぎたのだよ。それに、幻覚剤やドラッグを使わなくとも、人間の脳の中には、未知の領域を解放する純正の神経伝達物質があるのだ」

「そんなのがあるんですかい？」

「うむ、そのひとつが**DMT**なのだよ！」

一ヶ月後の新聞を読む

ヨッちゃんは、もと某保険会社のトップだった方ですがね。ある日突然、精神的なものを探求したいと思い立ち、ペルーを訪れたのです。


彼女はペルーで、**アヤワスカの儀式**に参加しました。

アヤワスカの儀式というのは、ペルー政府公認の宗教儀式なのですがね。アヤワスカという植物を煎じて飲むのです。

ヨッちゃんは、現地の人にこう聞きました。

「アヤワスカを飲んだら、どうなるの？」

現地の人は、「イーグルになる」と答えたのですよ。

アヤワスカを飲んでしばらくした時、幾何学図形が目の前に現れました。

思わず目をつむると、彼女は空を飛んでいたそうです。

「これがイーグルになるということか！」

と思いながら、ヨッちゃんはイーグルとなって、日本の自宅に行ってみました。

自宅に行くと、娘さんがいたのですよ。

しかし、どんなに娘さんの名前を呼んでも、娘さんは気づきません。

ふと見たら、自宅のテーブルに新聞があったのですな。

ヨッちゃんは、その新聞の見出しの文字や日にちを覚え、儀式が終わってしばらくしてから、日本の娘さんに電話で確認をとったのですがね。

娘さんが言いました。

「新聞に、そんな記事は載ってないよ！それに、日付けが変よ！」

なんと、イーグルとなって日本の自宅に行き、見た新聞の記事は、**一ヶ月後の内容だった**のですよ。

つまりヨッちゃんは、一ヶ月後の新聞を読んだのです。

ちなみに私も後に確認しましたが、本当にその通りの記事が、一ヶ月後の新聞に載ったのです。

DMTは脳の中で分泌することができる

「そ、そりゃ一体、どういうことですかい？ケルマさん？」

「うむ、人間の意識の一部は、時間や空間を超えるのだよ！アヤワスカには、DMTという物質が含まれていて、それがイーグルになるという現象を作り出すと考えられているのだがね。実は、人間の脳の中には、純正のDMTが存在するのだ」

「ええ〜っ！脳の中にですかい！」

「我々の脳の中では、DMTの分泌が行われているのだ。とくに、まだ幼い子供の脳の中や、亡くなっていかれる人の脳の中では、DMTの分泌が盛んに起こっているのだよ」

「じゃあ。死にかけてる人がよく、ベッドのそばに亡くなった人が迎えにきてるって言ったり、寝てる間に体から抜け出して、空を飛んだなんて言うのは？」

「うむ。真実なのだよ。他にも、宇宙人に呼ばれて火星にテレポートしたとか、モスクワにテレポートしたと主張する人たちもいるのだよ」

「こりゃあ、たまげた!!」

「DMTは、**変性意識と言われる特殊な意識状態でも発生する**のだよ。瞑想や臨死体験によっても発生するのだがね。例えば、ガムラン音楽やハングドラム、クリスタル・ボールという特殊な楽器の高周波は、脳に共鳴し、DMT分泌を促進すると私は考えているのだ」

ハチミツとクリスタル・ボール

ある日私は、クリスタル・ボールとハチミツを併用することを思いつき、その実験を行ったのです。

前の章でもお話ししたように、人間の脳と蜜蜂の巣、さらに言えば人間社会は、同じシステムなのですよ。

つまり、同じ形態形成場を共有しているのです。

形態形成場は29ページでもお話ししましたな。

とにかく、私は、ハチミツが単なる栄養価の高い食品ではなく、神経伝達物質であると考えているのですよ。

ハチミツの甘さは、舌の先だけで感じるのではないのですな。単なる甘さだけではなく、温感を喉の奥、つまり扁桃体付近で感じるのです。

非加熱の純粋なハチミツは、この実験の大きなカギになりましたね。できるだけ、ミツバチが神経伝達に用いるのと、同じ形態を作り出す必要があったからですよ。

この実験に使用したのが、クラウズさんとアベッハ皇帝が養蜂し、採取した非加熱の純粋なハチミツだったのです。

ワークで、私はこう言いました。

「みなさん、これから行う実験は、おそらく世界初です。まだ誰もやっていない実験です。みなさんには、ハチミツを口に含んだ状態で、クリスタル・ボールを聴いていただきます。さらに、432ヘルツにチューニングしたシンセサイザーを併用します」

宇宙と調和する432ヘルツ

天才的な霊能者だったシュタイナーは、幼い時から霊や天使の声を聞くことができたのですよ。宇宙すべての情報が存在すると言われているアカシック・レコードと接触し、未来予知ができたのです。

アカシック・レコードという言葉も、シュタイナーが名付けたのですな。

そのシュタイナーは、生前多くの正確な予知を行っていたのですが、音楽についてこんなことを語っているのですよ。

「音楽は、**432ヘルツを基調とした周波数のものが、宇宙と調和する**のです。440ヘルツを基調とした音楽が世界に広まったら、その周波数は、人と人の間に争いを起こし、人体の免疫や調和を損ない、不調和と破壊が起こります。440ヘルツの音楽は、人の精神を内に向かわせないで、ひたすら外に向かわせようとします。したがって、人は精神を満たすことができず、ひたすら外に物質的な満足を求め、他人をコントロールして自分自身を満たそうとするでしょう。440ヘルツの音楽が世界に広まりはじめたら、それはまさに、悪魔の勝利の手助けなのです」

ちなみに、すべての赤ちゃんの産声や泣き声は、440ヘルツなのですよ。

赤ちゃんが泣き叫んでいる時に、お母さんがグーグー寝てたら、大変ですからね。

無理矢理にでも、起こされるようになっているのです。

あれは、悪魔の音なのですよ。

そういえば、スーパータカオさんが、こう言ってましたね。

「ケルマさん、この前生まれたうちの息子ね、ほんとに、笑い声が天使の声なんですよ。親バカと思われても仕方ないんですが、ほんとに天使の声なんですよ！」

うむ！　実はそうなのです。

赤ちゃんの笑い声というのは、宇宙と調和した周波数なのですよ。

同時に、悪魔の泣き声も持っているのです。

みなさん、実はですね。

すでに国際規格として、すべての音楽は４４０ヘルツを基調として作られるようになっているのです。

すべての人々が、テレビやラジオ、ＣＤやネットから聞こえてくる、飢えて泣き叫ぶ赤ちゃんの泣き声を聞いているのですよ。

がむしゃらに活動し、激しく消費しながら睡眠不足のまま仕事して、つねにお金や未来の不安にかられながらイライラして、体が老化して死んでいくのです。

まあ、心が荒れ、争いが起こるのは当然ですな。

そこで私は、シンセサイザーの基調を４４０ヘルツから４３２ヘルツに変換し、クリスタル・ボールと相互干渉する波形にチューニングしたのです。

なにしろ、クリスタル・ボールの振動波形は長いので、相互干渉させるためには、振動波形を長くする必要があるのですよ。

私が特別にチューニングしたシンセサイザーとクリスタル・ボール、そして非加熱の純粋なハチミツを用いて、実験は行われたのでした。

人間の脳の中に存在するもの

さて、その実験の結果ですがね。

実験に参加した人たちの中には、**鮮明なビジョンを観た人**が、何人もいたのですよ。

ある人は、幼い時に見た木を思い出し、啓示を受けたと言いました。

また、ある人は龍に乗って空を飛んだと言いました。

また、ある人は未来の世界を見たと言ったのですよ。

もし未来を見たり、異次元世界を体験したのだとしたら、実はその体験は、この世界に大きな影響を与えるのですよ。

近年の物理学者たちの研究によって、多次元世界は存在し、互いに相互干渉を行っていることがわかってきたのですな。

つまり、個人が異次元世界を体験するということは、多次元世界の干渉を起こし、世界線を移動することが可能になるということです。
世界を選ぶ機能は、人間の脳の中に存在するのですよ。

Chapter 8

ホリスティック医療

遺伝子は自分で選べるし、
肉体はイマジネーションで変えられる、
という話。

遺伝子は選び直せる

私の好きな話ですがね。

ライアル・ワトソン著『生命潮流』に出てくるエピソードですよ。

ある少年が、遺伝子異常に起因するブロック病という病に苦しんでいたのです。

ブロック病とは、全身の皮膚が、鱗のように、カチカチの石のようになり、ひどい変形を生じる病気です。

なにしろ、遺伝子が問題なわけですから、治療は不可能と思われていたのですな。

ところが、メイスンという医師が催眠術を使い、こう指示したのですよ

「君の病気の皮膚が剥がれ落ち、キレイな皮膚に生まれ変わっていくよ」

やがて、少年に変化が起こりはじめたのですよ。

病変の皮膚がバラバラ剥がれ落ち、美しい生まれたての皮膚に変わっていったのです。

その後の数年にわたる追跡調査によると、この少年の全身の皮膚は、すべて生まれ変わり、病気から完全に解放されたのですな。

遺伝子は、決定的なものではないのですよ。

遺伝子はゲノムというワンセットで構成されていますがね。起動している遺伝子は、わずか二パーセントほどなのです。あとの九八パーセントはイントロンといい、休眠状態なのですよ。

そして、**催眠状態などの変性意識状態では、遺伝子の再選択が可能**なのです。


ある女性がですね。赤ちゃんを出産されたのです。

しかし、その赤ちゃんは、内臓が奇形だったのですよ。

内臓が機能せず、未分化の肉の塊があるだけだったのです。

ドクターたちの予想は極めて否定的で、この赤ちゃんは、チューブに繋がれて死ぬのを待つしかなかったのですがね。この赤ちゃんのお母さんに、私は、こう伝えたのです
「この子はまだ、生きているわけですよ。だから、話しかけることをしてみませんか？ドクターたちは、『この子は育たない』と診断したわけですが、よかったら、あなただけは、『この子はまだ、身体を作っている最中なんだ』と見ていただけませんかね？だって、この子は生きているわけですからね」

このお母さんは、保育器越しに、話しかけていきましたよ。

「お母さんと一緒に、身体を作ろうね」

不安でいっぱいになりながらでしたがね。

数ヶ月後、私はこのお母さんと病院のエレベーターで再会しました。

「私の赤ちゃん、本当に内臓ができてしまいました！」

ドクターたちが言うには、「奇跡と言える範疇の出来事が起きた」のだそうです。

良かった、良かった。

母親と子供の間には目に見えない強力な繋がりがあるのですよ。

認識が変われば、世界は変わる

その昔、コレラの爆発的流行が世界的に起こり、人間がバタバタ死んでいた最中、コッホという学者が、コレラの病原体を発見し、発表したのですな。

その時、ひどく対立した学者がいました
「これが病原体だと？こんなものがコレラの原因であるはずがない！」

そう言って、その学者は、大勢の目の前でコレラ菌の培養液をゴキュゴキュと飲んでしまったのですな！

「ほれ、お前も飲めっ！」

この学者さん、怯える弟子にも、無理矢理飲ませたのです。

その結果ですがね。

この学者さんはその後、何ともなくピンピンしてましたが、怯えながらコレラの培養液を飲んだ弟子は、コレラで死んでしまったのですよ。

このエピソードからわかるのは、**「他人に無理強いしては、いかん！」**ということですな。

不思議なのはですね。コレラの病原体が発表されたとたん、コレラで死ぬ人が、世界中で激減していったという事実なのですよ。

まだ、コレラのワクチンが開発されてなかったのにです。その当時、「コレラにかかったら死ぬしかない」というのが、世界中の共通認識だったわけですがね。

病原体が解明されたとたん、人々は死ぬのをやめはじめたのですよ。つまり、私が何を言いたいかというとね。**「世界は人の認識によって創られる」**ということですよ。

人体組織の再生が可能となるｉＰＳ細胞が開発され、ノーベル賞が与えられて、認識に変化が起こりはじめました。

今までも、細胞を初期化し、マウスの切断した手足を再生させるなどの実験はありましたが、再現性が低かったのですよ。

ところが、iPS細胞の登場により、人類の共通認識が変化しはじめたのですよ。

「ダメージを受けた人体組織は、再生できる」とね。

近年、身体にひどいダメージを受けたのに奇跡的に回復したり、損壊した人体組織が自然再生したという報告例が、多くなりつつあるように思うのです。

まだ、再生治療のアプローチははじまったばかりなのですがね。

再生のカギを握るSTAP細胞に関する事件も発生しました。STAP細胞の騒動は、新しい認識に対する抵抗のように、私には見えるのです。

この文章を読んでいるみなさん、良かったら以下の言葉を認識し、私と共有してみていただけませんかね。

「ダメージを受けた人体組織は、再生できる」

ええ、もちろん私は、無理強いはしませんがね。

驚異の「俺」エネルギー

その昔、人類学者のカルロス・カスタネダが、呪術師のドン・ファンにこう言われたのです。

「この世界は、**ナワールという実体のないもの**でできている」

さらに、ドン・ファンはこう言ったのですよ。

「実体のないナワールは、トナールによって、形のあるものになる」

トナールとは何か？　と問うカスタネダに対して、ドン・ファンは、こう答えたのですな。

「**トナールとは、言葉**だな」（カルロス・カスタネダ『ドン・ファンの教え』より）

ドン・ファンによれば、トナールとは言葉で作られる認識とか、理論とかであるというのですよ。言葉を使って、認識や理論を作り上げていくと、世界はその通りに振る舞うというのですな。

例えば、ある科学者が理論を組み立て、宇宙の仕組みや素粒子などについて予測し、観測しはじめると、なんと……。その通りの観測結果が起こりはじめるのですよ。

さて、みなさん。みなさんは気づかないうちに、何らかの枠組みに組み込まれているのかもですよ。

枠組みというのは、「この現実世界は、こうこう、こういうものである」という設定ですな。

物理学、医療、文化、法律、宗教、哲学、心理学、政治経済、**すべて単なる設定に過ぎない**かもしれません。調べてみるとね。現代医療では「治療困難な病気を治した！」「克服した！」と主張する人々は、実にたくさんいるのですよ。

ドクターもいれば、民間治療家もいるし、単なる一般人もいます。

おもしろいことに、彼らの主張のほとんどは、**「俺」ジナリティー溢れる理論**で構築されているのです。例えばです。ネットで調べると、さまざまな治療家たちが、実に俺ジナルな理論を展開しているのですよ。

「免疫疾患を克服するヒントは、歯の噛み合わせにあるのだ！」と主張する歯医者さんがいたり、「精神疾患は霊の影響だ！」と主張する精神科医がいたり、「風水が、ガンの原因だ！」と主張する建築士がいたりですね。他にも、「結核菌がガンを消すのだ！」と主張するドクターや、「特殊なシリカが体に良いのだ！」と主張する研究者などなど。

突っ込みどころ満載の俺ジナルな理論が展開されています。

私はね。現実に役に立てば、何でも良いと思っているのですよ。

理論とは、すべて単なる言葉遊びなのかもしれません。

人は、見たい現実を創り出しますからね。

重要なのは、「これで良くなるのだ！」という強い主張、俺ジナルな主張なのです。

「人が大きく申す」と書いて、「俺」。

私はね、これを**「俺エネルギー」**と名付けました。

ちなみに「示が申す」と書いて「神」ですな。

私はとても傲慢な人間なので、人間を従わせる神には一切、与することはないのです。

ある病院では、最先端の免疫療法という触れ込みで、保険の利かないガン治療を展開しているのですがね。

私の知り合いが、その治療を一クール二〇〇万円で受けたのです。そのあとで二クール目を受けようと、その病院のホームページを見たのですがね。

三〇〇万円に値上げしていたそうですよ。

これは、お金がない人には受けられない方法ですな。

「治療が効かなくても、ノークレームでお願いいたします」というのがポイントかもしれませんがね。これはちょっと、いただけません。

しかし、超常的な方法で、病気を癒してしまう治療師は存在します。

治療家のタク丸翁

タク丸翁は、私の友人で治療家です。

ある日彼は、**「人間の体は幻想みたいなもので、精神は肉体を変化させる」**ということに気付いてしまったのですな。

タク丸翁は、元競輪選手なのですがね。

「落車日本一」という記録保持者です。

普通人ならば、これだけ落車したら、さまざまな後遺症や障害が発生するものですが、彼は、ことごとく克服し治癒してしまったのですよ。

彼は、「自分自身の欲求に正直」というケダモノみたいなバイタリティーを持っているのですよ。良きにつけ悪きにつけ、純粋な男です。


ある男性が悩んでいたのです。

「好きな女性がいるけど、結婚できない相手なんですよ。そして、その人とは別の女性と結婚して子供を持ちたいのです。一体、どちらを選んだら良いのでしょうか？」

そこに、タク丸翁が現れて、こう咆哮したのですよ。

「どちらか一方にしないといけないとか考えるな！　そんなの、宇宙は関係ない！　全部、手に入れたらいいんぢゃああ！」

その場にいた人々が、ざわめきましたね。

「おお、さすがタク丸翁！」

「オレたちができないことを、いとも簡単にっ！」

「そこにシビれる！　あこがれるっ！」

恐るべしタク丸翁……良い子のみなさんは、決してマネしないように。

ホリスティック医療研究所のたーやん

たーやんは、私の友人で、ホリスティック医療研究所の所長をしている男です。

たーやんは、一〇代に発病し、ほとんど病院で過ごしてこられたのですな。

本人いわく、「病院の子」だったのです。

一日に数回、鎮静剤を打ち、成人してからは、病院で臨床のカウンセラーをされていたのですがね。

「（病気のために）脚が曲がらないので、新幹線に乗る時は、脚を持ち上げて乗ってました」


ウエストサイド物語的な人だったのです。

「何回も死にかけましたが、ある日、母親がドクターと廊下で、脚を切断した方が良いと話し合いしているのを聞いたんですよ。でもよく考えたら、僕はベッドに寝ていて、廊下で話してる声なんか、聞こえるはずないんですよね。ずっとあとになってから、変だなって思いましたね」

それ、すでに超常現象だから。

「寝たきりと、車椅子、松葉づえの毎日でしたね。ドクターたちは、本当によくやってくれました。でも、何も変わらなかったんですよ。なんとか、この状態を変えたいと思っていた、そんなある日、いろんな出逢いがあってね。僕はレイキ・ヒーリングをやりはじめたんです。病気の患者さんにレイキをやりはじめたらね、次第に脚が動くようになってね。曲がるようになってきたんですよ」

クララが立った！

「ある日僕は、ガンの痛みで夜も眠れないという患者さんに、レイキ・ヒーリングをしたんです。そしたら、痛みが消えて眠れたというんですよ。その人、看護師さんに訴えたんですね。

また、『あれをしてくれ、あれをしたら楽になった』ってね。『何もやってない』って、病院側が伝えたら、『いや、絶対何かしたはずだ！ また、あれをしてくれ！』って言われるんです。僕がレイキをしましたと伝えたら、ドクターに言われたんですよ。『そんなことはカルテに書けない、カルテに書けないことは、やめてくれ！』ってね」

そんなドクターには、猫目キックをぶちかましておやりなさい（Ⓒ楳図）。

「ケルマさんもおっしゃってましたが、役に立つならば、どんな方法でも、何でも使ったら良いと思うんですよ！ 現代医療は役に立ちますが、まだまだ他にも、役に立つ方法はたくさんあります。役に立つならば、何でも使ったら良いんですよ！」

たーやんのように、自らの真実の体験を語られると、リアリティーがありますな。

「本物の人」はちょこちょこいる

岡山のワークを主催してくれているトーマさんが、こう言いました。

「すでに亡くなられている方なのですが、どんな病気でも、ケガや骨折でも、時には一瞬のうちに治してしまう不思議な人がいました。その人は、マスメディアには、一切出られませんでしたが、その力は本物でした」

はい、本物の人は、たしかにちょこちょこいます。

しかし本物の人は、まず表には出てこないことが多いです。

「その方の写真を撮ると、発光体が写りました。おもしろいことに、その写真を病気の人が持ったりしたら、不思議なことが起こるのです。それは、その方が亡くなられた今でも起こります。さらに不思議なのは、この写真をコピーして持っていたら、コピーした写真が変化したりするんですよ。発光体が増えたりするのです」

はい、たしかに、そんな現象はあります。人間が本来持っている力だと、私は思うのです。写真を見る人の能力が、写真に共鳴して物質化しているのかもですな。やがて未来には、すべての人間が、同じ能力を使えるようになると、私は考えているのですよ。

地獄の遠隔ヒーリング

自宅を、タバコが吸える映画館にしたかった私は、その昔、プロジェクターを仕事部屋に設置したのです。

これで、いつでも映画館気分を満喫できるのだ！

まずは、何を観ようか？

超巨大画面で観る『秘密結社 鷹の爪』……。

あまり、意味ありませんでした（フラッシュアニメだからね）。

そこで私は、プレステ3に繋ぎ、「バイオハザード」のゲームをやったのですよ。

これが、いけなかった……。

巨大画面を観ながら、カメラ視点のキャラを使ったゲームをプレイしたら、一体どうなるのか？ みなさんはご存知か？

強烈な画面酔いが襲うのです！

それはもう、地獄のような最悪の車酔いが発生するのですよ！

「グフゥ！ グファアアッ！ ゲェロロロ」

ゾンビにヤられるよりも、現実の肉体のダメージがハンパありません。

「ヒィーッ！ ヒィーッ！ く、苦しいッ！ なんでこんなに苦しい思いしながら、ゲームしてんだろ？ このゲームをクリアして、何か報われるものがあるの？ たしか、ゲームって楽しいもんのはずだよね？ これ、楽しいの？ 辛いだけじゃね？ ほんとに楽しいの？ これ、楽しいの？

……グフゥ！ グファアアッ！ ゲホォオ！」

しかし、セーブポイントになかなかたどり着けず、ひたすらゾンビと戦い続け、ついに、あまりの辛さにダウンしたケルマさんでした。

こんな時、人は誰かに共感を求めたくなるものですな。

あまりの辛さに、ふと、知り合いにメールしたケルマさんです。

「苦しい！ 今とてつもなく、身も心も苦しいのだよ！」

「ど、どーしたんですか？ 何があったんですか？ ケルマさん！」

「う、うむ、とにかく、苦しく辛いのだよ……」

「しっかりしてください！ そ、そうだ！ 私は今、ヒーリングのレイキ会をしている途中なのです！ みんなで、ケルマさんに、エネルギーを送りますよ！ みんな！ さあ、行くぞ！ ケルマさんにエネルギーを送るのだ！ ハァアアアァッ！」

え……ちょ、ちょっと待って。

あの、そんなたいしたことじゃないんだからっ……。

「ケルマさん！ 今、あちこちの仲間に連絡しましたっ！ みんながエネルギーを送ってきますよっ！」

え……いや、ありがたいんだけど、その……。

ありがたいんだけど、すごく申しわけないんだけどっ……。

「大丈夫ですかっ！ ケルマさん！」

「しっかりするんだ！ ケルマさん！」

「今、エネルギーを送っています」

「がんばれ、ケルマさん！」

なんか、いたたまれないんだけどっ！

なんか、別の意味で心が苦しいんだけどっ！

次々に送られてくるメールに、申しわけなさいっぱいのケルマさんでした。

たーやんとゲリラ・ヒーリング

たーやんが、語ってくれた体験なんですがね。

ある日、たーやんが一人で家にいた時、突然、足が暖かくなりはじめたというのですよ。

たーやんの足に、ムズムズと暖かい感触が拡がり、彼は一体何が起こったのかと驚きました。

「ぐはぁあっ！ぐほぉおお！なんじゃぁ、こりゃあああっ！」

やがて、ケータイが鳴りました。

「どや？どーやったっ？なっ？みんなで君の足にエネルギー送ってみたんやでっ！」

遠隔ヒーリングの先生からの、ゲリラ・ヒーリングだったのですよ。

こういった現象は、枚挙にいとまがないですな。

たしかに、ある現象です。

この、エネルギーと言われるものは、ただ送っただけでは、「熱さ」や、「ムズムズする感じ」などで感じられることが多いですな。

しかし、送り手が、イメージの中で、このエネルギーに形を与え、システム化してやると、単なる「熱さ」や「ムズムズする感じ」だけではなくなってくるのですよ。

タク丸翁のケダモノ・ヒーリング

タク丸翁の遠隔ヒーリングは、レイキ・ヒーリングとは、またちょっと違いますね。

いつだったか、たーやんが、タク丸翁のヒーリングについて質問したことがありました。

「ケルマさん、ありゃあ、何なんでしょう？ 触れてないのに、エネルギーで他の人の体が動いたりするのって？」

タク丸翁のヒーリングは、私の知ってる限りでは、外気功法というのに近いかもですな。

生命エネルギーを直接、相手に伝えるわけです。

しかし、それ以上に彼の場合、**「大丈夫！」というメッセージを、相手の潜在意識に伝えているのだと思います。** 病気に圧倒されていた相手の生命エネルギーが、「大丈夫！」のメッセージで、目を覚ますわけですな。

スーパータカオさんの目撃談によると、夜にヨロヨロと道を歩いていた犬に、「大丈夫!」と叫んでいたそうです。問答無用のケダモノパワーですな。

メタファー(暗喩)の治療は昔から行われている

ある女性が、病に苦しんでいましてね。

熱が下がらず、気持ちがふさいでいたのですが、ある日、「プチプチ」という音が聞こえて、体がどんどん楽になっていったそうですよ。

「プチプチプチプチ……」

そのあとお腹が痛くなり、トイレに行ったら、どす黒い便が大量に出て、すっかり病は消えてしまったのですな。

彼女を助けたのは、彼女の母親が依頼した、実家近くに住む「お助け婆さん」でした。

一昔前は、どこの社会共同体にも、こんな人がいたもんなのですがね。

このお助け婆さん曰く、

「体の中に、気鬱の虫がたくさんおったからな、**指でプチプチ潰して**、全部ゴミ箱に捨てたったんよ」

なるほどね、状況に合致してるなあ。

フィリピンなどで行われる心霊治療なんかも、同じメタファー（暗喩）を使いますな。

私の知っている方は、フィリピンの心霊治療師に、体の中から錆びた釘を何本も取り出されました。そのあと、病気（肺ガン）は快癒してしまったのですよ。

世界中でさまざまな部族が、精神疾患を解決する方法として、「悪霊」というメタファーを患者に使います。

日本の精神科医が、スリランカで行われた悪霊払いを観察したのですが、現代医療が太刀打ちできないほどの成果があったというのですな。

だからといって、多額のお金を請求する宗教家や霊能者は、役に立ちませんがね。

魔女シスターズのイマジネーション・ヒーリング

高知に行った時、私の前に二人の魔女シスターズが立ちはだかったのです！

「ケルマさん、**イマジネーションによる遠隔ヒーリング**を研究しているようね。ふふっ、わたくしたち、すでにイマジネーションによる遠隔ヒーリングをはじめたのよ！　ねぇ、ミカさん」

「お～っほっほ！　スキルス性の胃ガンは、タンポポと同じですことよ！　患者の肉体に根をはり、タンポポのようにガン細胞を拡散させるのよ」

うむ、たしかにスキルス性の胃ガンはタンポポと同じだ……。

「だから、わたくしが除草剤で根を枯らし……」

「わたくしが、ガン細胞のタンポポたちを、火炎放射で焼き付くすのよ！　お～っほっほほっほ！」

二人のイマジネーションを駆使した遠隔ヒーリングは、患者を直撃したようでした。

ドクターが開腹してみたら、ガン細胞はすっかりカラカラに渇き、栄養失調状態（アポトーシス、つまり栄養失調による自殺状態）になっていたのですよ。

恐るべし、魔女シスターズ！

イマジネーションの力が、とてつもない成果を作り出すというのは、たしかに事実なのですよ。そして、そのイマジネーションは、理解しやすく扱いやすいもので良いのです。

体の中のレンジャー部隊でガン退治

ある女性が、自分自身の経験を語りました。

「五年前に私がガンになった時、私は**イメージで私の体の中に入り、治してくれるレンジャー部隊を作った**のですよ」

レンジャー……部隊ですか？

「リーダーは伊藤英明、あと織田裕二ですね！　それから鹿賀丈史。あ、鹿賀さんは、任務途中で殉職しました」

鹿賀さん、死んでるし……。

「大変困難なミッションでしたが、彼らはガンと戦い、ほんとに私は治りました」

そりゃあ良かったけど、鹿賀さんも助けろよ！

「『海猿3』は、映画館で観ました！」

『海猿3』って、3Dだよね！　あれ、3Dにする意味あったのか？……って、鹿賀さん、海猿は出てねーよ！

……まあ、何はともあれ、この女性は、肺とリンパに転移したガンを消滅させることに成功したわけですな。鹿賀さんという尊い犠牲を払って……。

遠隔ヒーリングの鍵

ヒーラーのうずまきさんが、遠隔ヒーリングの経過を報告してくれました。

「ある女の子さんがね〜。病気で、なかなか食べられなかったらしいんだけど、その子のお父さんに依頼されて、遠隔ヒーリングをしてみたのね〜。そしたら、少しずつ、食べだしたってメールがあったのね〜。ほんと、うれしいなあって思ったのよね〜」

うずまきさんの発言は、遠隔ヒーリングの一番重要なポイントを語っています。

うれしいなあ、という**「共感」が、最大の能力**なのですよ。

ケルマさん、病気に倒れる

さて、ある日私は、髄膜炎で倒れてしまったのですよ。

当初は、意識の混濁と激痛で、さすがにもはやダメかと思いましたね。高熱にうなされながら、次々にいろんな妄想が膨らんで、泣いたり感動したりと混乱しました。

それと、日常生活の音が凄まじく頭の中で響き渡り、苦痛でしたね。

しかし、一番苦しかったのは、激痛でした。まあ、とんでもない痛みでね。

痛み止めの薬が、まったく効かないのには参りました。

だから、一瞬も眠ることができなかったのですよ。

安静にするしか治療法はないと言われているのですが、安静など不可能だったのです。

髄膜炎の死亡率が高いのは、安静にしようがないからなのだと思いましたね。

この時点では、周囲には、私の症状は単なるインフルくらいにしか伝わってませんでした。

なんか、おおげさに騒ぐのも恥ずかしいしね。

まずは、俺ジナルなテクニックで場を整えました。

これは、私が治っていくという場なのですよ。

しかし、場を整えただけでは、十分ではありません。

成果を得るためには、この世界に対する働きかけ、つまり何かのアクションが必要なのですよ。しかし、私は体が動きません。服を着ることすら、ままならないのですよ。

そこで魔女の登場です。

おしゃべり魔女の遠隔ヒーリング

魔女というのは、**月の知識を得た女性たち**のことですな。

月の知識とは、目に見えない世界の知識のことです。

私は、遠隔治療が得意な三人の魔女たちに、遠隔ヒーリングを依頼しました。

この三人の魔女たち、通称おしゃべり魔女といいます。

「髄膜炎って、ちょー痛いらしいよ」

「痛み止めが効かんらしいわ。動けんみたいだけん」

「やつは、働き過ぎなり！ 休む良い機会なりよ」

「良くなったら、また仕事しはじめるに決まっとる！ ケケケッ」

とにかく、痛い！ 苦しい！ ヒーリング頼む！ と連絡したケルマさんです。

魔女たちが遠隔ヒーリングをはじめてまもなく、ほんとに私は、数日ぶりに眠ることができましたよ。

・・・・・・・・・・・

なんとも不思議な夢を見ましたね。

夢の中で、なぜか私は、**金正日の息子と、レトロな汽車に乗って旅をしている**のです。

正直、この方に対して、私はまったく興味もなく、感情もないのですがね。

この人に、どう接して良いのやらと、困惑しました。

さて、なんでこんな汽車に、一緒に乗ってんだろう？ という夢でした。

汽車の席には、粗悪な印刷物のパッケージで包装されたお菓子や、色鉛筆が置いてありましたね。

なんとも、古くさいものでしたが、その意味するところは、わかりませんでした。

目が覚めると、激痛はまだありますが、多少体は動くようになってましたね。

その夜もまた、遠隔ヒーリングを依頼しました。

眠りに入ると、夢の中で私は、カンカンになって、亡くなったお婆ちゃんに対して怒っていましたね。

どうやら、お婆ちゃんが、カレーにご飯を入れて煮込み、カレー雑炊にしてしまったのです。

私は声を荒げ、カレー雑炊とカレーがいかに違うかと涙ながらに主張し、これではまるでお粥ではないか！と嘆き、怒っていたのですよ。

夢の中で私は、お婆ちゃんは二〇年以上昔に亡くなっていることに気付き、亡くなった人に対して怒っていることに、ちょっと感動したのですね。

しかし、なぜ、怒りが出てきたのか？

さて、体が少しずつ動きだしたので、周囲から、なんだかんだと言われながらも、仕事しはじめましたが、やはり夜はダウンしましたね。

電話の向こうから、魔女たちの囁きが聞こえてきます。

「やはり、やつはすぐ仕事しはじめたのか」

「落ち着きのない男じゃ」

「そいで、また倒れたみたいだけん」

「ほんとに仕方ないねぇ、ヒッヒッヒ」

その夜もまた、遠隔ヒーリングをしたのですがね。


夢に現れたのは、月の女神でした。

まるで昼間の光景ですが、すべてが月の反射なのですよ。

ユング心理学でいう、アーキタイプ（元型）ですな。

すべての女性は、魔女であると同時に、この月の女神に繋がっているのです。

私は、バファリンのコマーシャルに出てくる母親イメージは、幻想だと思ってましてね。

たいていの世の中のお母さんは、余裕がないイライラ母さんで、情け容赦なく子供にイライラをぶつけるもんだと思ってましたが、月の女神は、まるでバファリンのお母さんみたいでしたね。

さて、目が覚めると激痛がなくなり、その日から痛み止めも飲まなくなりました。

ヒーリングは、無意識を通して、集合無意識の元型と接触します。

すべての生物が共感できる、慈愛に満ちた知性と捉えても良いでしょうな。

そこでは、すべての痛みが癒されるのですよ。

神秘のハーブ、マコモ

翌日、友人のゆらゆら隊長と、まいまい巫女がやってきました。

まいまい巫女は、綾部で、まいまい堂というお店を経営している魔女でね。

私に謎のハーブをくれました。

「コレ、神秘のハーブネ。神ノチカラ、ハイッテマス！アナタノカラダニ、キット、ヨイデス」

ゆらゆら隊長が、注釈しました。

「まあ、これ不思議なもんですわ！『マコモ』ゆうてね。神社の池とかに生えてる植物です。出雲大社に生えてたこれで、金儲けしようとした人がいたみたいですが、とたんに会社がアカンようになったそうですわ。神が宿ってるって言われてます！これ自体に意志があるとかないとか……まあ、不思議なもんですわ！　あ、それと、飲む時気を付けてくださいよ！　ぶふああっ！　ときますから、ぶふああっと」

飲んでみましたよ。ぶふああっ！　ときましたね。ぶふああっ！　と。

まったく不思議なことに、次の朝、残っていた体の痛みは、完全に消滅していたのですよ。

後遺症を洗い流す

さて、みなさん、とりあえず病が去ってみて、私はいろいろと考えることが出てきました。

思い返してみると、髄膜炎に陥っていた時、私の頭の中では、私の意思とは関係なく、**ある音楽**がひっきりなしに流れていましたね。

他にも、書斎にあるはずのコンピュータのノイズが、耳元で響き続けたのですよ。

寝室で聞こえるはずはないのですがね。大きな音で響き続けたのです。

私は、すぐ、ペンフィールドの学説を連想しましたね。

大脳生理学者のペンフィールドは、ある日、患者さんの脳にさまざまな電気刺激を与えてみたのですよ。すると、ある部位を刺激した時は、患者さんの舌に味覚が再現されたり、別の部位を刺激した時は、昔に聞いた音楽がありありと再現されたというのです。

それは、現実と変わりない体験でした。

改めて、現実の認識は、脳が作り出すのだと実感しましたね。

そうそう、病中は文字を書くのが大変難しかったですね。

手が思うように動かず、まともに横線が引けなくて、何回も練習しました。

これはすぐに、すっかり回復しましたがね。

しかし、困った後遺症が、ひとつ残ったのですよ。

左目が見えなくなってしまったのですな。

視野に黒いまだら模様がかかり、黒い砂のような粒子が溢れて、まるで濁った池の底のようになってしまったのです。

病気が治ったあとも、目は回復する兆しはありません。

しかし、病院に行く気はありませんでしたね。

私が過去に見てきたさまざまな事例を引き出して考えても、医師が希望的な予測を立てるとは思えなかったのですよ。

そこで、今回の病気で活躍してくれた、おしゃべり魔女たちに、こうリクエストしたのです。

……エネルギーを送る時に、具体的なビジュアルにして欲しい。

「クックックッ……あの男、我らのヒーリングに注文をつけおった」

「後遺症で、目が見えなくなったとな！　おそらく、眼球の水晶体が炎症を起こして濁ったのぢゃ」

「我は提言する！　濁った水晶体を洗い流すビジュアルが良いなり！」

「真っ青な、透明なブルーウォーターをビジュアル化すれば良いのぢゃ！　ブルーウォーターを用いて、不純物を溶解し、ミクロのレベルに分解して眼球の外に排出するのぢゃ」

「どんな成果があるか、楽しみぢゃな！　ケケケケ！」

魔女たちの創り出す、エネルギーを伴ったビジュアルは、時空を超えて、私の眼球に激烈な反応を起こしましたね。

黒いまだら模様の濁りはどんどん消えていき、視界は透明となり、現在はすっかり元通りになってしまったのですよ。

人は病気になると、いろいろ気づくものである

……さてさて、今回の病気に対して、私は、私なりの意味づけをする必要があります。

病気には、必ず何かの意味があるのですよ。

髄膜炎でダウンした私に、たくさんの方がこう言ってくれましたね。

「ケルマデックさんは、仕事し過ぎだ！　これはバカンス、休憩しなさいということだよ」

ありがたいですな。たくさんの方にいたわっていただいて。

しかしね。申し訳ないのですが、私は「違う」と考えたのですよ。

病にダウンした時、ずっと以前から考え続けていた**「治癒不可能と言われる難病や、ダメージを受けた人たちを治す方法」を創り出したい**というアイデアが、膨れ上がったのです。

これはね、なにも世間様、てめえらの評価をもらいたいわけじゃあないのですよ。

私が扱うのは未知の異次元科学です。通常の主流科学とは相容れませんな。

だから、評価も社会的地位も、先生という呼称も不要なのですよ。

派閥や組織もいりませんね。

私は、権威や社会的評価をもらっても、うれしがる人間ではないのです。

幼い時より考えていたアイデアですが、奇跡を産み出す**「ホリスティック・ヒーリング（包括的癒し）」の体系化**を行う時だと考えたのですよ。

赤ちゃんはどこから来るのか？

この世界は、わからないことだらけなのです。

その事実の一部を端的に語ってみましょう。

ある女性が、体重三〇〇〇グラムの赤ちゃんを出産しました。その直後に自分自身の体重を測ったら、胎盤も出したあとにもかかわらず、体重はほとんど変わらなかったのですよ。

ある女性も、こう言いました。

「ケルマデックさん、私も三一〇〇グラムの子供を生んだんだけど、あとで体重を計ったら、ぜんぜん変わってませんでした！ 一体、なぜなんですかね？」


けっこう、同じ体験してる方は多いのですよ。

中には、出産直後に体重を測ったら、出産前より体重が増えていたという方もおられます。

実はね。**赤ちゃんはお腹の中からやってくるのではない**のかもしれませんな。

出産とは、異次元ゲートを開く作業なのかもしれません。

まるで、物質化です。

赤ちゃんは別の次元から、お腹を通してやってくるのかもしれません。

出産直後、体重変化あまりなし。

これが、多くの出産経験者にインタビューして得た、観察結果なのですよ。

みなさん、疑問に思わなかったんですかね？

「ケルマさん、子育てに夢中で、それどころじゃなかったですよ」

なるほど……忘れてたんだね。

我々は、自分の正体を、まだ、ぜんぜん知らないのですよ。

「病気が治る」ってどういうこと？

本当に科学者と言える方は少ないなあと、私は思うのですよ。

よく勘違いされている定義なのですが「科学とは、終わりのない仮説であって、結論ではない」のです。

先生と言われる方たちは「結論」だと思い込んでおられる方が多いですがね。

私は、先生ではないのでね。いまだに何が正しいか、わかりません。

例えば、現代医学は役に立ちますね。

しかし、現代医学が解決できない病気は、まだまだたくさんあります。

「医学的に、あり得ない！」と言うのであれば、すなわち、まだ認知されてない認知外科学が必要ですな。

魔術だろうと、魔女だろうと、気功だろうと、霊だろうと、超能力だろうと、オカルトだろうと、**役に立つのであれば、何でも良い**と考えているケルマデックです。

私はね、みんながやっている既知のことには、興味があまり持てないのですよ。

しかし、誰もやっていないことにトライすることは、価値があると考えています。

・失われた身体や神経を再生する
・先天的な遺伝子的疾患を正常化する
・難病や精神疾患の苦痛を解消する

ということに、トライしたいわけですよ。

しかし、**「病が治る」とは、一体どういうことか？** というとですな。


例えば、家族間のストレスや生活苦によって病気になった方が、入院して一時的に治ったとしても、退院して元の生活に戻ればまた再発するでしょうな。

その病気には、**人生すべてに関わる大きな意味**があるのかもしれません。

身体が治りゃ、それでいいってもんではないのですよ。治りゃあいいっていうのではなく、病気を意味のあるものとして受け入れることも大事ですな。

もちろん、ちゃんと死ぬことも大事です。そこでです。

すべてをひっくるめたホリスティック医療を体系化しようと、私は画策したのですよ。

医療関係者や魔女、能力者、科学者、ヒーラーたちが協同作業できる、奇跡を起こせるジャンルを作りたいわけです。

超常ナース、ナナさん

こーゆー新しい試みは、既成概念にカチカチに固まった男性よりも、女性の方が早いのですよ。

ですからね。女性の看護師さんの中には、現代医療の限界と問題点に気づき、さらなる可能性を追求しはじめる人が出てくるのです。

「超常ナース」ですよ！

宝塚の、たーやんの奥さんであるナナさんは、超常ナースなのです。

彼女はさまざまな医療体験を経て、ついには現代医療の限界と問題に行き着いたのですな。

そして、人間に秘められた未知の可能性に目を向け、再生医療の実験に着手したのですよ。

私はナナさんに、こう聞きました。

「失われた身体や、損傷した脳や神経の蘇生は、可能だと思いますか？」

「はい、可能だと思います」

「ガンや、遺伝子の異常による病変は、是正できると思いますか？」

「はい、可能だと思います」

私も、可能だと思っている一人なのですよ。

ならば、可能性を信じる医療関係者や、民間の治療家たちが協力し合い、ホリスティック医療を体系化しても良いではないですか！

そのためには、たくさんのケースが必要ですな……うっ、いたたた……。

「どうしました？ケルマさん？」

「昨日、ちょっと飲み過ぎて、頭が痛いのですよ……。よし！こーゆー時は、強力な頭痛薬のロキソニンだ！」

状況に応じて現代医療にも頼る、状況対応型のケルマデックです。

薬って、すぐ効くから好きさ。

私は、ナナさんに聞きました。

「現在、成果はいかがでしょうか？」

「はい、クリスタルワンド&イマジネーションによるセルフヒーリングで、ちょちょいのちょ

〜い」

たーやんが、「ちょちょいのちょーい」の詳細を報告してくれました。

「喘息など呼吸器系、閉塞性肺疾患COPD、胸膜炎、感冒、原因不明の感染症と、それに伴う高熱、扁桃腺炎、抗生剤なしでの寛解、自己免疫疾患系、そして肘打撲による骨、神経の圧迫による疼痛。対象は自己免疫疾患、悪性腫瘍、感染症、骨、神経系、心臓病、高血圧、肺疾患、糖尿病など。また、人間だけではなく、ペットにも有効である」

実験を行い、すでにこれらの症状を、クリスタルワンドとイマジネーションの力により、解決しているというのです。

Bゾーン、何それ？

たーやんが、この前、ある患者さんのケースに出くわしました。

その患者さんは、緊急で、なんと五リットル近くもの点滴をしたのですがね。

一滴もオシッコが出なかったというのです。

そして、驚いたことに、体重を測ってみたら、一キロも増えてなかったというのですよ。

たーやんが、このことについて、大学のドクターに訊ねてみたところ、ドクターは、こう言ったのです。

「おそらく、Bゾーンでしょう」

Bゾーン？ 何それ、業界用語？

たーやんがそのドクターに、「妊婦さんが出産後、体重を測ってみたら体重がほとんど変わりないなんてこと、ありますか？」と聞いたところ、

「はい、ありますよ。やっぱ、Bゾーンかなあ」

と言われたのです。

先生と言われる方々は、知らないとは言えないのですよ。

しかし数年前までは、こういう現象は全否定か黙殺だったのですがね。

あり得ると認めたところは、評価してあげるべきですな。

例えば、心臓が破裂したけど、一瞬のうちに再生したり。

体中に転移したガンが、一瞬のうちに消滅してしまったり。

それは、たしかに起こるのだが、現代医学ではメカニズムが未解明だから、Bゾーンというのですな。

Bゾーン、つまりブラインド・ゾーン、目に見えない領域です。

そういえば、鈴鹿で出会った男性が、こんな体験を話してくれたことがありました。

「ぼく、小さい時にね、ストーブで手にひどい火傷をしちゃったんです。炭みたいに焦げちゃってね。医者は一生治らないって言ったんだけど、お祖母ちゃんが、病気を治してくれる霊石があるって言って、連れてってくれてね。石を撫でたんですよ。そしたら、見事に跡形なく治ってしまいました」

なるほど、Bゾーンですな。

エドガー・ケイシーのヒマシ油

霊能者として有名なエドガー・ケイシーは、眠っている間に、ありとあらゆる質問に答えることができたのですよ。

そして、その内容は、恐ろしく精度の高いものだったのです。エドガー・ケイシーが、他の霊能者と隔絶しているのは、彼の能力が桁外れに高く、現代医療に多大な貢献をしたという、隠しようのない事実があったからなのですな。

さて、人間が持つ、無限治癒力の可能性を信じる私は、ホリスティック医療の原点と言われるエドガー・ケイシーのテクニックを実験してみたのでした。

多くの方が追試した結果を、検証してみたのです。

「役に立てば、何でも良い」というのが、私の信条ですからね。

ケイシー療法で一番有名なのが、ヒマシ油を使った温熱療法ですな。

ヒマシ油（amazon で買える）をたっぷり浸したフランネルの布（やはり、amazon で買える）を、お腹の右側、肝臓のあたりにのせて、さらにラップ（amazon で買おうと思えば買える）とヒーティングパッド（やはり！ amazon で買える！）をのせて、四〇分から一時間、暖めるのです（低温やけどに気をつけてください）。

三日間やって四日間休み、また三日間やって、また四日間休む、というサイクルを三回繰り返し、適当に休んでから、またやるわけですな。

やってみて、わかったのですがね。はじめの数日は、だるさとゆーか、疲れがどどーっと出るのですよ。

どうも、好転反応らしいですな。

そのあと、不思議なくらい体調が整ってくるのです。

もうひとつわかったのは、**「amazon で、何でも買える」**という事実ですな！

合計五〇〇〇円くらいで、揃えられます。

私の観察ですがね。

ヒマシ油が体を良くするのではなく、ヒマシ油をしていない四日間のうちに、体が勝手に自らを整えようとするようです。

私がヒマシ油の温熱療法を実験していると知った方々が、自発的にヒマシ油の温熱療法を試し、報告をくれました。

「四クール突入しました！まじで、ウツウツ気分が消えました」

「一クールめです！好転反応っすかねぇ！おならが半端ないっす！匂いも半端ないっす！」

「ヒマシ油トライしてみました！はい、体が軽くなりました！ウソじゃないですよ！ホントです！」

「全身、病気のデパートです！三ヶ月、ヒマシ油の温熱療法やってみました！こりゃ、いい！」

「はじめは、ゲップがでるわ、便秘になるわ、体が痛くなるわだったんだけど、すっきり抜けてきました」

「こりゃ、気持ちいい！」

「私は、医者から、子宮をとったほうがよいと勧められました。しかし、絶対にとりたくなかったので、自分自身で治す！と決意して、いろいろやりました。抗がん剤治療もしたし、レイキもしました。ビタミンCも大量に飲みました！ヒマシ油の温熱療法もしました！エネルギーの場も整えました！瞑想もしました！松岡修造の日めくりも、毎日読みました！そして、この前の検査で、見事に病気は消えてました！どのテクニックが効いたのか、わかりません！」（あくまでも個人の見解です）

テクニックは、何でも良いのですよ。自分が、自分自身を治すのです。

原油トリートメントでモッサモサに！

スーパータカオさんがメールしてきました。

「僕、アデランスの株を買おうかなと思ったんですよ。やはり頭髪に関する問題は、人類に恒久的なものではないかなと」

「買うのかいっ！アデランスを！」

「いえ、かぶりませんから！かぶらない方のアデランスの株だからっ！」

「つ、ついに買うのだねっ！アデランスを株るんだねっ！」

「かぶらないからっ！いざとなったら原油トリートメント使うからっ！」

……という不毛な会話が続いたのですがね。

みなさんは、この原油トリートメントをご存知だろうか？

原油トリートメントというのはですな。霊能力者のエドガー・ケイシーがリーディングで語った、頭髪の問題に悩む男子にもたらした福音なのですよ。

ケイシーは、こう語ったのです。

「頭髪の問題に悩む人は、原油で頭髪をマッサージし、四〇分くらい放置してから洗い流しなさい。それを月に二、三回行えば良い」

実はこの前、松江のK社長にお会いした時、彼の髪の毛がイキイキとしているのに私はビックリしたのです。

「K社長！そ、その頭は？」

「エドガー・ケイシーの原油でトリートメントするテクニックを使ってみたんだよ！」

「ひぃいい」

「なかなかいいよ、これ」

K社長は自動車屋さんなのですが、ホリスティック医療に情熱を傾ける研究者なのですよ。

彼は、自らの体を使い、さまざまな実験にトライしているのです。

K社長だけではありません。

鳥取のある男性にお会いした時、彼の髪の毛に異変が起こっているのを見て、ビックリしたケルマデックです。

「Yくん！き、君の髪の毛なんか元気だよね」

「俺、今モッサモサを目指しているんだよね！我がジャングルを復活させるのだ！」

「モッサモサを目指すだとっ？ジャングルだと？」

ジャングルというより、ジャングル黒べえですな。ウラウラ！ベッカンコ！

今まで、まったく興味を持たなかった分野ですが、とたんに、実験魂がムクムクと持ち上がってきました！

すでに何人か、頭の中で養毛戦士たちをリストアップしているケルマデックです。

世の中には、まだまだ知られていないテクニックが存在していますな。

育毛産業は、すでに巨大な市場を構築しており、エドガー・ケイシーの原油トリートメントテクニックも、ひそかに研究されているのかもしれません。

もしかすると、大人の事情があるのかもしれません。ＳＴＡＰ細胞みたいに。

万能の再生能力がある、世紀の大発見と言われたＳＴＡＰ細胞は、さまざまな捏造疑惑が発生し、闇に葬られました。

しかし、最近になってドイツやアメリカの研究機関で実在が証明されたのです。

ＳＴＡＰ細胞は、あったのですよ。問題は、ＳＴＡＰ細胞を認めてしまったら、医療に関する市場は、大混乱に陥ってしまうということなのです。

怒髪天出現！

変化を恐れて、同じことばかりやっていても、実に不毛ですな。

ならば、未来の医療を担うホリスティック研究所のたーやんに、養毛戦士軍団を育成してもらい、この不毛世界に一石を投じるというのは、ありではないか！

いつぞやのこと。たーやんの髪型が変化していたので、なんとなく指摘したら、

「いや、ちょっとね、友人の美容師にね、髪の毛ヤバいねって言われてね、それで髪型をね、温存する方向でね……って……ケンカ売ってんのか！　こらぁああ」

逆ギレする、たーやんです。ガラスの五〇代ですな。

「スーパータカオさん、君も、養毛戦士として活躍するかね？」

「僕、養毛戦士じゃないですからっ！　ほらっ！　ビシ～っと髪の毛生えてますからっ！ほらっ！ほらああっ！」

涙目で、ズラ潔白を訴えるスーパータカオさんです。

病を癒すクリスタル・ボール

エドガー・ケイシーは、トランス状態でこう語りました。

「一万二〇〇〇年以上昔、古代アトランティス人はクリスタルを振動させ、さまざまな病を治していました。クリスタルを振動させ、奇形や異常を治癒させていました」

この情報の真偽は、誰もたしかめようがなかったのですね。

なぜならば、この情報が語られた当時は、クリスタルを振動させるという方法を、誰も試みることができなかったのですよ。

一九九〇年代になり、コンピューター産業が盛んとなったシリコンバレーの産廃物から、クリスタル・ボールが開発されるまではね。

HI・BA・GON・SYSTEM

私がクリスタル・ボールを手に入れたのは、一九九〇年代の後半だったのですが、今までCDに録音したことは、なかったのですよ。

なぜならば、クリスタル・ボールの振動が発する超高周波は、とてもではないが、CDの録音可能周波数に、入りきらなかったのです。

だから、CD制作は行わず、もっぱら生演奏のみやってきたのですがね。近年になって、クリスタル・ボールの音を再現できないかと考えはじめたのですよ。

はじめはハイレゾ録音を考えたのですがね。ハイレゾ対応の機器を持っていないと聞けないし、まだまだ一般的ではないと思い、ハイレゾ録音は廃案となりました。

私は、誰もが手軽に扱えることが大事だと思うのですよ。

しかし、一番の問題はマイクでしたね。

どんなに高価なマイクも、クリスタル・ボールの超高周波の録音には、役に立たなかったのです。

そこで私は、マイクを改造して音の位相を変え、クリスタル・ボールの超高周波を再現する実験を行ってみたのですよ。

さらに、配線を組み換え、スピーカー・マトリックスと呼ばれるものと同じテクニックで、スピーカーではなく、脳内に仮想の超高周波帯域を作り出してみました。

理論的には、位相を変えた二チャンネルの音を共鳴させ、脳内に、現実には存在しない倍音を発生させるという方法を、私は思いついたのです。

ヘミシンク音と似てはいるが、原理はまったく別物ですな。

結果、ある程度クリスタル・ボールの原音を再現できたので、さらにリアルにするために、RSS立体音響を使用してみることにしました。

私は、この録音システムを**HI・BA・GON・SYSTEM（High Band Gong System）**と名付けたのですよ。

奇妙な現象が起きたのは、録音をしはじめて数日後のことでしたね。

家族の言によれば、私が留守中に、録音機器がオフになっているにもかかわらず、家の中でクリスタル・ボールや楽器の音がしたというのですよ。

私はすぐ、ジョン・ハチソンのハチソン効果を思い出しましたね。

ジョン・ハチソンは、テスラ・コイルの実験中、偶発的に、時空のズレや物体移動、反重力を発見した科学者です。

どうやら時空を超えた現象とは、我々の予想以上に身近に偏在するもののようですな。

仮説なのですが、クリスタル・ボールの超高周波は時空を超え、外在化するのかもしれません。

病気はするものではなく、味わうもの

クリスタル・ボールを演奏していくうちに、私は気づいたのですがね。

クリスタル・ボールは、病気という現象を深く受容させていくツールなのかもしれません。

病気を治すことは大事ですがね。治らないことも大事だと思うのですよ。

ホリスティックとは、包括的な視点から見るわけです。すると、病気は自分自身の感情や生き方に、何か意味のある出来事なのかもしれません。

例えば、もし幼い子供が4歳くらいで亡くなってしまったのだとしたら、その子の人生は意味がないのでしょうかね？

それは違うと、私は思うのですよ。

治ることや生きることだけが価値があるという、安易な結論主義は、包括的ではないのです。

病気は、するものではないですな。味わうものなのです。

ホリスティック医療フォーラム

さて、私とたーやんは、ホリスティック医療フォーラムを宝塚で開催しようと計画したのです。その宣伝用ポスターができ上がってきました。

ポスターは、私が描いたタロットカードの「搭」をバックにしてみました。

崩壊したビルをバックに、二匹のイルカが浮遊している絵です。

タロットの「搭」は、私が一番好きなカードなのですよ。

これを見た、たーやんが、呆れました

「それ！マズイっしょ！崩壊したビルの絵なんて、不吉過ぎるでしょ！アタマおかしくなったんですか？」

失礼なやつですな。

「ナナさんに怒られちゃいますよ！」

「ええい！どこまで愚か者ですか！本来、タロットの搭は、古い権威や体制が壊れて、新しい自由な世界に向かうことを意味するのだよ！新しい世界を作り出すためには、役に立たなくなった権威や古い考えは、滅ばねばならないのだ！ 古い世界は、滅びよ！」

「おお！ なんかダークサイドやわぁ！」

……いつもながら、言うことですがね。私はまったく、権威に興味がないのです。尊敬されたりとかも、まったく興味ありません。価値を見いだせないのです。お金に対しても、価値があるとは思えないのですよ。だから、名刺も肩書きも持ちませんね。どこのグループにも、属していませんし、一切、権威を持っていないのですよ。

説明する言葉がないのですが、強いて言えば観察する人ですな。

そんな私が、ずっと観察してきて思うことなのですがね。新しい世界に向かうためにも、役に立たなくなった古い権威や不自由な考えは、滅ばねばなりませんな。

そのために、公の場で新しい認識を伝えることが重要なのですよ。それは、ウイルスのように伝達されるからです。

今は、**ちょうど世界の分かれ目**だと、私は思っているのですよ。

数日後のある日、ワークショップの場で、たーやんが言いました。

「ホリスティック医療フォーラムのポスターなんすけどね。壊れたビルとイルカのやつ、宝塚市から展示許可でなかったんすよ。熊本大地震があったもんだから」

XVI

THE TOWER.

ART BY TAKEHIRO OKAMOTO

は〜あぁっ……と脱力したケルマさんです。

「世間は手強いねぇ……」

その時、たーやんが空を指さし、叫びました。

「あ！　あ！　あれ、あれ！　なんすか？」

「あぁっ！　これは？」

なんと、真っ昼間の空に、けっこう大きな黒い物体が漂っていたのですよ！

ワークショップの会場にいた人たちがザワメキました。

「あぁっ！」

「こ、これはっ！」

真っ昼間に、堂々と我々の目の前に現れるとは、大胆不敵ですな。

ソロバンのコマの形をした巨大な謎の怪物体は、ゆっくりと移動して消えていきました。

いわゆるUFOというやつですな。あとで、他の方に言われました。

「ケルマさん、写真や動画はないんですか？」

「……ありません。すっかり忘れてました」

「なんで、そこんとこ忘れるかなぁ？　こらぁああ」

なぜか、逆ギレされるケルマさんです。

しばらくして、たーやんから連絡がありました。

「ホリスティック医療フォーラムのポスター、宝塚市から展示の許可出ました！　そりゃあもう、僕は言いましたよ！」

ひゃっほう！

きっと、たーやんは宝塚市にグイグイと詰めよったのでしょう！

・・・・**妄想劇場**・・・・

職員に詰め寄るたーやん。

「今回の医療フォーラムは、古い世界の価値観を手放し、新しい世界に向かうという意味があるのです！」

「しかしねぇ～、熊本地震もあったことだし、壊れたビルのポスターってねぇ～」

「それは、違います！　壊れるべきなのは、古い価値観でガチガチ頭の世界なのだ！　我々は、新しい世界に向かわねばならないのですよ！」

「そうだけどねぇ～」

「こぉらああ！　ここまで言っても、ダメですか？　では、殴らせていただきます！」

ゴフゥウウ！

「我が、超高速パンチを受けてみよ！　プルプルプルプルプルプル！」

ゴフゥウウ！

「わ、わかりました……展示を許可しましょう……」

悪い理事長を力ずくで説得する、宇津井健式説得術ですな。

・・・・**妄想劇場終了**・・・・

「ホリスティック医療フォーラム」では、たーやんの体験が、メインに語られました。

そして、私はクリスタル・ボールを鳴り響かせたのでした。

私は、単純な認識、**「人には、すべての病気を治す力がある」**ということを伝えたのですよ。

情報ウイルスは、ばらまかれたのですな。

Chapter 9

遊び

新しい世界への扉を開く鍵は、
無駄とワクワクだ、
という話。

心が創り出す生命体「タルパ」

チベット密教という学問がありましてね。

これは宗教とは、ちょっと違うのですよ。

二〇〇〇年もの間、ひたすら**人間の意識や現象世界を観察した結果を、体系化した学問**なのです。

つまり心理学と物理学ですな。

たかだか一〇〇年くらいの歴史しかない現代心理学などは、チベット密教と比べたら、まだまだその入り口といった状態なのですよ。

その奥深さには、実に驚嘆すべき真実が隠されているのです。

そのチベット密教の概念に、「タルパ」というものがありましてな。

タルパとは、人間の心が創り出す、人工生命体みたいなものです。

「強力な凝念による魔術的形成物」「物質的形体として受け取られた、具現化した思念」「思念形態」「思念体、想念形体」などと、タルパ(トゥルパ)は表現されています。

仏教では、「ブッダや悟りを得た者は、数多くのニルミタ(化身)を千変万化の相に変じて一度に現すことが可能である」とも、表現していますな。

菩薩や地蔵、不動明王なども、実はタルパ的な存在なのですよ。**強力な想念によって形成されたキャラクター**なのです。

それは現実に存在し、活動しているのですよ。

例えば「生き霊」なんてのも、タルパなのです。場合によっては、創造主から独立して、勝手に活動するタルパも存在するのですよ。

霊的な存在や、妖怪と呼ばれるものの中には、勝手に活動するタルパもいるのです。神を自称するタルパもいます。たちの悪いタルパなどの場合、人間に影響を与えるものもいるのですよ。いわゆる、「憑かれる」という現象ですな。


タルパを創作し、活用するテクニックは、チベット密教では、「タルパの行」といい、陰陽道では、「式神の術」というのですがね。

実は、幼い子供が、よく行っているテクニックなのです。通称「見えないお友達症候群」ですな。おままごとなんかで、目に見えないお友達と会話したりするのが、そうですよ。

ただ、幼い子供の場合、その多くは現実とのリンクがなく、空想の中で終わってしまうわけですがね。

時おり、大人になっても、「お友達」を消さずに、現実世界にリンクさせてしまう人たちもいるのです。そしてそれは、人気作家や、社会的な成功者に多いのですよ。

しかし、彼ら自身、世間に誤解されることを避けて、秘密にしていることがほとんどですな。

サポートしてくれるタルパ

二〇年くらい前の話なのですがね。

私のワークでタルパのことを学んだ女性が、**イマジネーションを駆使して、彼女の生活をサポートしてくれる天使を作り上げた**のです。

彼女は、その天使に名前をつけ、こう命じました。

「ある本を探してるの。絶版になってて、図書館にもないし、なかなか見つからないから、私のところに持ってきてちょうだい！」

なにしろ、まだ、amazonとか、ネットがない時のことですからね。見つけるのは、とても困難だったのですよ。

しかし数日後、彼女の友人が東京から帰省した時、件の本を持ってきてくれたのです。

彼女は同じ方法で、仕事、結婚相手、家を手に入れていきました。

結婚して子育てが忙しくなり、天使のことは、しばらく忘れていたそうです。

ある日、仕事で海外出張している時、彼女の子供さんが急病で倒れたと聞いて、彼女は何年ぶりかに、天使に頼んだそうですよ。

「あの子を助けてちょうだい！」

やがて子供さんの病気は収まり、解決したのでした。

数年たってから、この子供さんが、彼女にこう言ったそうですよ。

「オレな、小学生の時に、腎臓の病気で顔がパンパンに腫れ上がったことがあったじゃない。そん時にさ、夢の中に天使みたいなのが現れてさ、そのあとすぐ病気治っちゃったんだよね。あれって、夢じゃなかったって思うわけよ。だって、すげぇリアルだったもん！」

その、夢に出てきたという天使の詳細を聞き、彼女は怖くなったのですな。

彼女の作り上げた天使そのものだったのですよ。


ある経営者は、こう言いました。

「私には、私だけの目に見えないエージェントがいるのです。幼い時から一緒にいました。仕事で困ったり、何とか願いを達成させたい時に、エージェントに頼むと、さまざまな形で手助けしてくれるんですよ。誰も信じないと思いますけどね。ほんとに存在するんですよ。ケルマさんにタルパの話を聞いて、やっぱり存在するんや！って納得しました」

このテクニックをワークで話したところ、早速、みなさん、タルパ作りにとりかかりました。

「あたし、ハイジが好きだから、ハイジにしようかしらん」

「ハイジですか……。家の中が明るくなりそうですな」

「ハイジに、うちの経済問題を解決してもらおうかしらん」

「ハイジに、あなたの経済問題を解決する実務能力、ないと思います。おそらく前向きで明るくなるだけです。ロッテンマイヤーさんにしてください」


「じ、じゃあ、ネロとかダメですか？」

「ダメです。ほんとダメダメですから」

「じゃあ、〝逆襲のネロ〟とか、どないですか？ないがしろにした世間に、スーパーリッチなネロの怒りが炸裂するんや！」

「それ、もうネロじゃないと思います」

「自分で作ったタルパでいいんですよねっ！じゃあ私、二〇代のケルマさんにしようかしら？何でも解決してくれそうだし」

「なんで二〇代？」

「ならば、拙者は裸エプロンのメイドさんでいきます」

「それ、もう、何か違う路線に走り出してるよねっ？　いや、この際、思いきり自分の好みで良いです！　タルパを作り上げたら、あとは呼び出して命じてください」

「ロッテンマイヤー召喚！　わが経済問題を解決せよ！」

「いでよ！　逆襲のネロ！　今こそ世間に、お前の力を見せるがよい！」

なんだか、グダグダですな。

ジョジョ講座でタルパを作る

ある日私は、アベッハ皇帝主催のワークで、世界初の「ジョジョ講座」を行ったのですよ。

三〇年以上連載されている荒木飛呂彦先生の『ジョジョの奇妙な冒険』というマンガには、「スタンド」と呼ばれるタルパが登場するのです。

今回は、スタンドを創作し、自由に操れるようにするという**中二病炸裂の講座**なのですよ。

「みなさん、ジョジョといえば、ジョジョ立ちですよ！　足や手を、不自然に曲げたり伸ばしたりしてポージングするジョジョ立ちです！　なぜ、あのようなポージングをするのか？　そこには、真実があるのですよ。真実があるから、ヒットするのです。

例えば、陰陽道では、精神統一して術を使う時に、指を奇妙な形に組んで印を作ります。忍者がやるのと同じですな。ライダーやヒーローも、戦う前には必ずポージングします。普段使わない、無意識に反応するような筋肉を意識的に使用することで、普段とは違う意識、つまり変性意識に突入するのですよ！

変性意識状態では、人間は潜在能力を解放し、とてつもない能力を発揮できるのです。ヨーガでは、アーサナと呼ばれているテクニックですな。

さらに言うと、ポージングして呼び出すことで、スタンドが勝手に動きださないように、コントロールできるのですよ。生き霊や野良スタンドにならないようにする必要があるのです。しかし、いきなりジョジョ立ちというのは、みなさんも理性のハードルが高いでしょうからね。

今回は、スタンドトレーナーを使います！　二人でペアとなり、お互いに、手はこう！　足はこう！と、ポージングを指示しあってください」

やがて、俺ジナリティー溢れるジョジョ立ちが、会場に炸裂しはじめました！

タケシが！　アリエッティが！　ペリーヌが！……超常戦士たちがジョジョ立ちを決めていきます！　みなさん、想像してごらんなさい……。

ごく一般の、中には大学に通っている娘もいる、いい年をした大人たちが、乃木公民館の講習室で、一斉にジョジョ立ちしている姿を……。

「では、みなさん、スタンドを発動してください！　はぁあああああっ！！！」

超常戦士たちの脳内で、めくるめくスタンドの発動が起こっています！

写真を撮っとけば良かったなと、後悔しているケルマさんでした。

影の軍団を作ればいいのだ、タルパで！

ある日私は、チュチュ鍼灸整体院を営んでおられる、チュチュじろうさんのところで、ワークをしました。

「今日は、よろしくお願いいたしまチュ！　ワークは、ケルマさんが好きなように進行してください！　そうでチュね、どんなテーマでもいいでチュよ」

チュチュじろうさんは、高い理想を持った、若さ爆発の整体師さんなのですよ。

言葉の端々に若さが爆発してます。

そんなわけで、まずは、陰謀論について語ることにしたケルマさんです。

「みなさん、この世には何やら、怪しい陰謀が進行しているかもしれません。いわゆる陰謀論です。フリー●イソンとか、ロック●ェラーとか、世界を裏で操る存在について、熱く語る識者たちもおられますな。しかし、私がいつも思うのは、じゃあどうやって、陰謀を行う影の支配者たちに立ち向かえば良いのか？　ということなのですよ」

「たしかに！　一体、どう立ち向かえばいいんでチュか？」

「陰謀論に関する本を読んだり、講演を聴いたりして、『大変だ！　このままでは、世界は大変なことになる！　何とかせねば！』と意気込んでも、一般市民には、現実に何もできないのですよ。『今月の支払いを何とかしなきゃ』とか『今日の夕食の買い出しにいかなきゃ』とか、『町内会の回覧を回しにいかなきゃ』とかいって、日常に埋没してしまうのです。それはもう、ズボズボと埋没してしまうのですよ！」

「たしかにっ！　これでは、影の支配者と戦うどころじゃないでチュね！」

「うむ！　そこで、私は考えたのだよ！　影の支配者と戦う、影の軍団を作れば良いのだ！」

「チュチュ〜ッ！　影の軍団……でチュか！」

「日常生活に埋没し、『とても世界の陰謀に立ち向かうヒマなんかないよ！』という、そんなみなさんにうってつけのアイデアです！　タルパを使って、影の軍団を作るのだよ！　仏陀も、無数のタルパを作り出して、世の人々を救ったと伝えられているのです。それが、不動明王や地蔵、菩薩などの仏なのだ！」

スタンドのワーク

Stand Work

あなたのキャラクター（スタンド）を
イラストで描いてください。

きみのスタンドを かこう！

スタンドのなまえ

のうりょく

せいかく

じゃくてん

雲もタルパのひとつ

ある日のこと。

治療師のタク丸翁は、仕事を終えて田和山遺跡のベンチに座りボーと夕日を見ていたのです。

すると突然、空に雲が現れ、その雲がふたつに分かれ、分かれた雲の間から『GO』という文字が出てきたのでした。

その文字は、やがて『GOD』に変わり、さらには『GOOD』に変わったのですな。

「なんじゃあ、こりゃあ?」

タク丸翁は、びっくりしたのですよ。

さて、この現象は、一体何なのか?

実は、雲というのはタルパなのですよ。単なる水蒸気のかたまりではないのです。

チベットでは、エネルギーを風(ルン)といい、エネルギーに意識が入ったものを気というのです。**気のエネルギーは人の意識と連動し、やがてタルパとなる**のですよ。

一九六〇年にローマオリンピックが開催された時、日本で五個の台風が同時に発生したのです。その台風は、ちょうど五輪のマークの形に繋がったので、オリンピック台風と呼ばれているのですよ。高度経済成長により、「日本でオリンピックを！」という世論が国内で高まった年でした。地震や台風、雹、津波、噴火や暴風雨などの自然現象は、実は、人間の意識と連動しているのです。自然現象のみならず、動物や昆虫、植物もまた、人間の意識と連動しているのですよ。

以前、アメリカがイラクを空爆した時には、イラク国内で収穫されたナスを切ると、切断面に『アラーは偉大なり』というアラビア文字が出てきたのです。第二次世界大戦時、フランス地方で巨大な雹がふりましたが、不思議なことに、この雹は農作物も人も一切傷つけることなく、フワフワと落ちてきたのです。そして雹を半分に割ると、中には聖母マリアの姿が刻まれていたのでした（『超常現象の大百科～学研ミステリー百科』より）。

コミケ雲という現象も、あるのですよ。

アニメやコミックのイベントであるコミック・マーケット、通称コミケでは、多くのクリエイターやアニメファンが集まり、その情熱をありったけ注いだ同人誌やグッズが販売されます。コスプレなども、ハンパない情熱なのですよ。その熱気により、コミケ会場の天井には、雲ができるのです。これが通称、コミケ雲と呼ばれる現象なのですよ。

なにしろ、アニメファンたちの情熱は、ハンパないですからね。

日本では古来より、気のエネルギーを雲とも表現してきたのです。

例えば出雲は、気のエネルギーの出る場所なのですな。そこに、どのようなエネルギーを込めるかが、ポイントなのです。

負のタルパが人間を動かしている

私はもう長いこと、テレビを観なくなっているのですよ。

どうにも、テレビから流れる情報が信頼できないし、良くないと感じるのです。

ある日、外出先で観たテレビで、軍事衝突を伝える海外のニュース番組をやっていたのですがね。

そこには、まさにオドロオドロしい雲に包まれた街の風景が映っていたのです。

それを見たクラウズさんが、言いました。

「な～んか、イヤな雰囲気ですね。戦争が起こるんでしょうかね？ケルマさん」

「クラウズさん、**これがタルパなのですよ**。負のタルパに侵食された人間は、すべて壊してしまいたいという気持ちになるのです。そして、世界に影響を与えるのだよ」

「そりゃ、マズイじゃあないですか！　そういえばケルマさん、最近、科学者たちが昆虫に関してショッキングな科学レポートを発表しましたよ。過去三〇年の間に、羽のある昆虫の七五パーセントが消滅したというのが明らかになったんですよ！　これは、回復不可能なレベルなのだそうです！　植物の受粉の八〇パーセントは、昆虫によって行われますから、大変なことですよ！」

「うむ！　たしかにこのままでは、まずいのです！　原因はさまざまなのですよ。農薬、環境破壊、極移動による地磁気の変化、神経伝達物質のレセプター変動、いろいろ考えることができますがね。それらはすべて、外在化した現象面に過ぎないのですよ。最大の影響は、タルパなのかもしれません。生物は病むことで進化するのですよ。過去に人類は、同じことを繰り返してきたのですな。進化したいと熱望しながら、結局最後は病み、破壊し尽くして、また一から同じことをやり直すのです。**今、この繰り返しから、脱出する時がきている**のだよ」

「この状態から脱出する方法は、ありますか？」

「新しい世界、次の進化に向かう方法はあるのですよ。**それは、遊ぶこと**なのだ！」

「遊び、ですか？」

遊びが「生きてる実感」を与えてくれる

「インドネシアのある島は、**精神疾患がほとんど発生しない**んで有名なのだよ。なぜなら、そこの住民は『神遊び』といってね、しょっちゅう神や精霊に扮して遊んだりしているのですよ。そこを調査した心理学者たちが出した結論というのが、『健全な精神には健全な狂気、つまりファンタジーが必要である』という、バカバカしいほど単純な真実だったのだ」

「たいていの人は、お金がファンタジーになってますけどね。お金が手に入ったら、幸せになるというファンタジーです。あっ！　僕も過去のこと考えたら、人のこと言えないな！　はい、昔、そんなファンタジーにハマってました！」

「遊びっていうと、とかく不必要なものだと勘違いされますがね。人類が新しい進化形態に移行するためには、どうしても『遊び』が必要なのだよ。

いや、遊ぶために進化するのかもしれませんな。『遊び』の本質である『あいまいさ』や『でたらめさ』は、論理的に理解することは不可能ですがね。身体生理学者たちは、『遊び』の持つ機能を『身体感覚が十全に機能している状態へと、心的エネルギーが動く』と言ってるのだよ。

わかりやすく言えば、『**生きてる実感**』ですな。今、現代人に一番足りてない感覚なのですよ。心が健康に機能するかどうかも、この感覚を体感してるかどうかがポイントなのだ。快楽殺人と言われる現象は、この感覚が低下して極端に歪んだものなのだよ。つまり、歪んだファンタジーであり、グロテスクに歪んだ『遊び』なのですよ。本来の『遊び』の機能が健康に働いている時は、傷ついた心が修復され、成長が起こるのだよ。『生きてる実感』を感じることができるのだ」

世界の「ゆらぎ」を突破する最善策

「そして『遊び』には、もっと深い重要な秘密が隠されているのだがね。そもそも『遊』という字は本来、神が船に乗って仕事に行くことを表した象形文字なのだね。『遊び』には、創造性も、パースペクティブを拡大する機能も、並列思考も、直感コミュニケーションも、変性意識も、すべて含まれているのです。

そして、**遊びはファンタジーによって成り立つ**のですよ。例えば、宗教はファンタジーですな。なにしろ、見たこともない神を信じるっていうのだからね。UFOや宇宙人も、ファンタジーなのだよ。魔法も魔女も精神世界も、ファンタジーなのだ。愛とか恋愛も強力なファンタジーなのだよ。そして、お金もファンタジーなのだ。だって、あれは単なる印刷してある紙だからね。

人間のすごいところは、ファンタジーを創り出し、現実のものとして味わうことができるというところなのだよ。これからの社会システムが、過度な緊張状態を作ることなく全体的に統合された新しいシステムに移行するためには、政治も経済も科学も宗教も教育も、すべてにおいて『遊び』のファクターが必要になってくるのだろうな。

それが、**世界の『ゆらぎ』を突破するための、今のところ最善の方法**なのだよ。でも、大人たちは遊ぶことができるだろうかね？　どうだろうね？」

無駄だけど、ワクワクしている

ファンタジーが強くなると、実用性や能率、効率から解離していきます。

例えば、高級なお酒を集める趣味の人がいますが、彼は決して封を開けません。

時々、取り出して眺めるのですよ。

セーラームーンのコスメグッズを買い集めるコレクターもまた、箱にしまい込み、一切使用しません。

時々、取り出して眺めるのです。

タク丸翁は、スカイラインGT‐Rを二回購入しましたが、ほとんど走っていません。彼は奥さんに対して「これは、オブジェだ！」と発言していました。

つまりファンタジーとは、実用性もなく、能率も効率もない、無駄なものなのです。

しかし、**彼らはワクワクしている**のです。

その情熱は、ハンパないのですよ！

恋愛も宗教もまた、さきほど話したようにファンタジーですな。目に見えないものを信じ、かける情熱もハンパないです。

キティちゃんも、ファンタジーです。しかし、その経済効果は一兆円なのですよ！　一見、無邪気な顔ですが、とんでもないやり手ですよ……キティちゃん。

ファンタジーの力は、アポロ計画を立ち上げ、人類を月に到達させました。四兆円以上使って、月から石を一〇〇キロほど持ち帰ったのです。

とんでもない無駄づかいですな。しかし、アポロ計画によってアメリカ国内だけで一〇〇〇社ほどの会社が立ち上がり、その経済効果は世界を潤したのです。

ファンタジーの力は、人類を進化させてきたのですよ。

人類と動物の違い、それが、生存能力とは直接関係ない、ファンタジーを創り出す力なのです。

超能力やUFO、魔女、宇宙人やヒバゴン、神霊、超常現象、芸術、アニメやファッション、音楽、精神世界、宗教、恋愛、スポーツ、スーパーカー、趣味などなど。

これらは、実用性や能率、効率から解離した途方もない力なのです。

時には、生存しようとする生命活動からも解離してしまうことがある、生命を超えた根元的な力なのですよ。

そして人間は、そのファンタジーを使って遊ぶことができるのです。

Chapter 10

ビジョン

我々は、この世の常を超える
中二病の戦士である、
という話。

原因不明の感情が湧いてくる

二一歳の引きこもりの女の子が、ある夜、「爆弾が落ちてくる！　怖いよう！」と言って泣き叫びはじめたのですよ。両親もわけがわからず、呼ばれた私は何とか彼女をなだめ、その夜は落ち着いたのです。

ユーゴで空爆が行われたことを知ったのは、次の日のことでした。

このケースと同じように、心の問題を抱えている多くの人たちが、原因不明の恐怖や怒りや悲しみを感じることが、あるのですよ。もちろん、彼ら自身にしてみれば、どうしてそんな感情が湧いてくるのかわからないし、周囲も理解はできないことがほとんどなのですがね。

このような状態を説明する言葉としては、仏教の『**代受苦**』などがあります。

ある女性が飼っていた犬が、病気と老衰のため死にかけていたのです。

犬は病気のために膀胱が詰まってオシッコができず、その女性は愛犬の膨れ上がったお腹を、死ぬ間際まで撫でてあげたのですよ。

犬が死に、葬ったその日、女性の体に不思議な変化が起きたのです。異常なくらいにオシッコが出るのですよ。それも一日に、二〇回か三〇回ぐらい。

たいして水も飲んでないのに、呆れるくらい大量のオシッコが出続けたそうですよ。

そして、一週間ほどたった時、その現象はぴたりとやんだのです。

さて、我々が自分自身の感情や考えだと思っているものは、もしかすると、他の誰かのものなのかもしれませんな。なぜならば、集合無意識の中ですべては繋がっているからなのですよ。

なぜニンニクが魔除けになるのか？

ある女性が、夜、寝ていると霊の気配を感じて怖いというのです。

そこで私は、寝る時、**枕元にニンニクをスライスしたものを置いてごらん**と言ったのです。

効果はてきめんでしたね。

霊の気配は消えて、穏やかに寝ることができたのですよ。

ニンニク、ニラ、タマネギ、香辛料、タバコなど刺激のある植物は、霊的な影響を消すのです。この言い伝えは世界中にあるのですな。

「窓やドアにニンニクやタマネギを吊るしておけば、悪霊が入ってこない」とか、「寝室にニンニクを置いておけば悪霊を退ける」というふうに。

山の中に入る猟師たちも、物の怪や妖怪を避けるために、タバコを身に付けるのです。

脳の中にはベルクソン・フィルターがあり、このフィルターは、個人の無意識と集合無意識を分ける働きをします。例えるならば、検問システムみたいなものですな。

このフィルターが機能している時は、集合無意識の影響を受けないのですが、機能が低下している時は、集合無意識の影響を受けてしまうのですよ。

しかし、刺激の強い植物は、ベルクソン・フィルターを強化し、補正するのです。

ある種の植物のエッセンスは、特定のフィルターを解放して、官能的にしたり、あるいは治癒力を引き出すのですよ。いわゆるアロマセラピーですな。

音を色で感じる人々

生物学者のライアル・ワトソンが、ヌス・タリアンという島に行った時、そこの住民に「あなたの声はきれいなピンク色ですね」と言われたのです。不思議に思い、ライアル・ワトソンは、その島の他の住民に「私の声は何色ですか？」と聞いてみたのですがね。

ほとんどの住民が「ピンク色」と答えたのです。つまり、その島では、音に色がついて見えるのが当たり前だったのですよ（ライアル・ワトソン『未知の贈りもの』より）。

モーツァルトはよく、オーケストラを指揮してる時に、「そこはもっとブルーに！ そこはオレンジ！ バカ、なんでねずみ色を出すんだ！」と怒鳴っていたそうですな。

宮沢賢治もまた、独特の感覚で世界を捉えていた人でしたね。

彼の作品には、「大地がポーと泣いた」などの表現が出てきます。

こうした、ある感覚に対して、複数の感覚を持つことを**「共感覚」**とも言いますがね。

本来、感じ方はさまざまなのですよ。


我々が感じたり見たりすることは、生まれつきの環境や社会意識によって規制されているのです。我々は外の世界をありのままに感じているのではなく、**脳の中で感覚を再構成している**のですな。例えば、生まれた時から縦じま模様の部屋で育てられた猫は、横じまを認識できず、階段を昇降することができなくなるのですよ。

アフリカのある部族の人たちは、白と黒と青と赤の四色しか色の認識を持たないのです。その対極に、イヌイットの人々は、雪の白色を一〇〇種類以上に分類し、見分けることができるのですよ。

私の友人は、左眼が網膜剥離し、手術を行ったのですな。

手術後、その左眼はものが歪んで見える状態だったのですが、しばらくして歪みがなくなったのです。しかしある日のこと、傷ついていない右眼だけで見た時、ものが歪んで見えるということに彼は気がついたのですよ。その右眼の歪みは、左眼の歪みを補正するように、左眼の歪みとは逆方向に歪んでいたのです。

音に色がついて見えるという状態を、仏教では「観音」と言い表しますがね。医学的には色聴といい、およそ一万人に一人の割合で存在すると言われています。

しかし、ここでいう医学的という言葉もまた、現代医学を信奉する社会意識によって歪曲された認識であり、当然ヌス・タリアンでは通用しないのですよ。

見えるはずのないものが見える現象

シャルル・ボネ症候群という現象がありましてね。

自然科学者であるシャルル・ボネは、薄暗い状況下、左眼で顕微鏡を見ながら右眼で記録を取り続けていたところ、左眼が悪くなり、ついにはほとんど見えなくなってしまったのです。

そしてその頃から、彼の左眼にはさまざまな幻像が見えるようになったのですよ。その幻像の多くは死んだ人間の姿であったり、過去の出来事の幻影であったり、ゴブリンや妖精の姿などだったのですな。

これがシャルル・ボネ症候群と呼ばれる現象です。

この現象は、左眼に入る外部の情報が遮断されることによって右脳の情報が逆流し、健康な右眼からの情報と合成されることによって起こると考えられています。つまりは**脳認知システムの誤作動**です。

この現象によって生じる問題のひとつは、「一体何の情報を見ているのか?」ということなのですよ。幻視する映像の多くは、自分の脳に蓄積されている情報ですがね。

自分の脳にはない他人の記憶情報を見たり、場合によっては誰も知り得るはずがない情報を見たりすることがあるのですよ。

近年の研究によって、右脳には論理的理解を超えた直感把握能力が存在するということが証明されつつあります。

右脳には、時間や空間を超えて、他人の脳やさまざまな情報とリンクする機能があるのですよ。それは心理学者のユングが、集合的無意識と呼んだ領域なのです。

このシャルル・ボネ症候群という現象は、俗に霊視と呼ばれる現象に非常に近いのです。

霊能者と言われる人々の多くが、片方の眼や感覚器官に障害を持っていたり失読症であったりするのも、このシャルル・ボネ症候群の発現と関わりがあるようですな。

霊能者として有名だった宜保愛子さんは、左眼が見えなかったのです。そして、同じく霊能者として有名だったエドガー・ケイシーは、失読症だったのですよ。

また、特殊な意識状態になることでも、シャルル・ボネ症候群は容易に体験することができるのです。事実、禅の世界では古来より、幻視の見える状態を野狐禅といい、悟りの道から逸れるものだから避けるようにと言っていますな。

なぜならば、幻視される映像の多くは、本人の無意識によって脚色されたり、歪曲されてしまうことがほとんどだからなのですよ。

私が行った実験ではですね。目と耳の感覚遮断を行った状態では、多くの人が幻視を体験し、中には自分が知るはずのない他人の情報を幻視した人たちもいました。

私が気づいたのは、問題になるのは現象そのものよりも、個人の信条や解釈の仕方の方であるということですよ。

直感的情報を伝えるのは難しい

日本ではシュタイナー教育で有名なルドルフ・シュタイナーは、直感能力者だったのです。

彼は特殊な意識状態で、はるか大昔のことを見たり、未来を見たりすることができたのですよ。

つまり、霊能力者だったのです。

例えばシュタイナーは、アトランティス文明について詳しく述べたり、ソビエトの誕生と崩壊をその存続期間まで見事に予言しているのですな。

しかし、だからといってシュタイナーの主張がすべて正しいとは限りませんな。超常的な直感的情報は、どうしても**個人の無意識のフィルターによって歪曲されたり、脚色されてしまいます**からね。

どんなに素晴らしい考えや、何か真実を発見したとしても、社会に受け入れられなければ、逃避か独り善がりで終わってしまうのですがね。その点、シュタイナーって人は社会に受け入れてもらうのがうまかったのですよ。

シュタイナーは小さい頃から、「霊」とか「天使」を感じたり、見たりしていたのです。そして、それが当たり前だと思っていたのですな。しかし、周囲はそんなもの感じないし見えないわけだから、シュタイナーは悩んだのですよ。

そこで、教育家として社会的な評価を得て、社会に受け入れてもらってから、徐々に自分の感じたり見たりしているものを社会に提案していったのです。

いきなり、**霊とか天使とか言われても、周りは困っちゃいます**からねぇ。

似たようなところでは、フェヒナーという神経学者がいますよ。

その道の権威で医学の教科書に出てくる人なのですがね。このフェヒナー先生、実験中に目を悪くしてしまったのです。それで一年ほど目隠しして過ごしたのですな。

そしたら、植物の妖精が見えるようになってしまったのですよ。

晩年は『ナナあるいは植物の精神生活』という本を書いておられます。

弟子たちは、さぞ困っちゃったに違いありません。あるいは、信じたのでしょうかね？

「フェヒナー先生のおっしゃることに、間違いはない！」と。


ペルーに行き、アヤワスカを体験したヨッちゃんは、ある日、現地のメディスンマン（呪術師）と一緒にクスコの町を歩いていました。

するとメディスンマンが、空を指差してこう言ったのですよ。

「ヨシコ、見てみ！ＵＦＯや、あそこにおるで」

しかし、いくら空を見ても、何も見えなかったのですな。

「ほな、写真を撮ってみぃや」

デジカメで写真を撮ると、そこには巨大なＵＦＯが写っていたのですよ。

「振動数が違うから、見えへんのやね」

ヨッちゃんが、びっくりしていると、メディスンマンは、こう言ったのですよ。

「クスコっちゅうのはな、異次元センターという意味なんやで。今でもちゃんと機能しとるんや！　ほんまやで！　しかし政府は、異次元の存在をとても恐れとるねん。ワシの髪を見てみ。なっ、真っ白やろ！　ペルー人はみんな、年食っても髪の毛は黒いねんけどな。ワシ、宇宙人とコンタクトしとったら、政府のやつらに捕まって、エライ目に遭わされてなあ。拷問されてな。それで髪の毛白くなってもうた」

「そりゃあ、いけんかったなあ」

「宇宙人のことを隠しときたい連中がいるんや！　あいつらな、ワシらが生まれてから死ぬまで、金のことだけを心配して一生過ごすようにさせたいんよ。それで一生が終わって、また生まれてきての繰り返しや！　アホらしいで、ホンマ」

・・・・同時通訳ケルマデック・・・・

その後、ヨッちゃんは、メディスンマンのナビゲートで、別次元の存在と接触したのですな。

その存在は、こう告げたというのですよ。

「おまん、ジャパンからこられたがよ。ジャパンのアニメはな、すごいエネルギーを持っちゅうき、ワシらも協力しとるんよ」

・・・・同時通訳ケルマデック・・・・

なんか、**良いアニメイトになれそう**な予感がしますな。

死ぬ前に「鳥の視点」を体験する

死を目前にされた方は、特殊な意識状態を体験されることが、とても多いのです。

マユミさんのお父さんが、末期のガンで入院していたのですよ。マユミさんはお父さんの病室を掃除しようと思い、ホームセンターでホウキを買って、お父さんの病室に帰りました。

すると、お父さんがこう言ったのです。

「マユミ〜、お前さっき、ホームセンターに行ってただろう。ホームセンターでホウキを買ったただろう」

「え！お父さん、なんで知ってるの？」

「さっきなあ〜。上から見とった」

マユミさん、ビックリしたのですよ。しかしさらに、お父さんが恐ろしいことを言ったのですよ。

「マユミ〜、お前、松江に男がいるだろう」

「い、いないわよっ！ な、何言ってんの！ お父さん！」

マユミさん、パニックになったのですね。なぜならば、実はマユミさん、既婚者なのですがね。松江に**コージ君という秘密の彼**がいるのです。

お父さんが、ニコニコしながら言ったそうですよ。

「気になるがな〜。会わせいや。コージに会わせいや」

マユミさん、真っ青になったのですよ。そして、私にこう言いました。

「なぜ、お父さんわかったのでしょうか？ それに、お父さんはマジメな性格で、不倫とか許せない人なのよ」

「お父さん、バーズ・ビューを体験したんでしょうな。実はよくある現象なのですよ。普段の我々の意識はワーム・ビュー、つまり虫の視点なのです。しかしバーズ・ビュー、つまり鳥の視点からは、すべてが見え、理解できるのですよ」

実際、死を間近にして、バーズ・ビューを体験する人は、よくいらっしゃるのです。

ある日のこと、私は死を間近にした高齢の女性と話をしていました。その女性が、いきなりこう言ったのです。

「ケルマさん、明日の朝、九州で大きな地震があるわよ」

「えぇ〜っ！　そうですか？　そりゃ、大変だ。大丈夫ですかね？」

次の朝、その予知は本当になったのですよ。九州で大きな地震が起こったのでした。

その女性は、今度はこう言いました。

「ケルマさん、あなたね、本当にいてくれて良かった。本当に良かった」

「いえいえ、私があなたにしてあげられることなんて、ほんのわずかですから」

「違うよ。ケルマさん、私じゃあないよ。みんなのためだよ。みんなのために、あなたがいてくれて本当に良かった」

なんとも、いたたまれない気持ちで、病室をあとにしたケルマさんでした。

私たちにはファンタジーが必要だ

ある日、クラウズ、スーパータカオ、ケルマデックの三人は、高知で開催される魔女フェスティバルに参加するために、一路、高知に向かいました。

高知の魔女番長グループと合流し、魔女フェスティバルに突入するのですよ。

魔女フェスティバルでは、障害を持つ子供たちが製作した作品によるファッションショーが行われました。

テーマは、魔女です。

子供たちが製作したファンタジー溢れる作品の数々が公開されたのですな。

会場は満杯になり、各団体や教育方面からも、たくさんの方々がこられました。

魔女フェスティバルで、私は、「ファンタジーの持つ力」について語ったのですよ。

私が過去に、障害を持つ人が働くさまざまな作業所を見てきて思い続けたことですがね。

それは、**「ファンタジーが必要だなあ」**ということですよ。

作業所で、一日中、何かを作り出す作業をするわけです。手提げ袋とか、紙袋の紐つけとかね。それでお金が手に入り、自立へと向かうわけです。

しかし、何かまだ足りない。

もっとワクワクする何かが必要です。

「そうだ！ ファンタジーの力が必要なのだ！ ならば、ファンタジーの出発点として、魔女服や魔女グッズを製作するのだ！ ファンタジーに満ちた魔女ブランドを創り出すのだ！」

私の提案を真摯に受け止めてくれた高知の魔女たちと、今回の主宰者をされた、みわぴょんさんが中心となり、魔女フェスティバルは、それからわずか三ヶ月ほどという超スピーディに開催されたのです。

たしかに、障害を持つ人は、能率や効率という点においては最弱です。しかし、彼らの持つファンタジー力は、人類最強なのですよ！

近代的合理主義によって、いつの頃からか我々は、能率と効率が価値あることと思い込まされてきたわけですがね。

そんな世界は、実はぜんぜん生き生きもしないし、ワクワクもしない世界なのですよ。生き生きとするためには、ファンタジーの力が必要なのですな。

魔女フェスティバルのラストは、クリスタル・ボールの演奏で締めくくりました。成功を見守った我々は、次なる目的地を目指したのです。

意識と連動する異次元テクノロジー

次なる目的地は、愛媛でした。

愛媛のワークショップに向かう車の中で、私はこう言ったのです。

「三〇年ほど前に、フランスで男女二人の過激派が、ダムに大量のＬＳＤを投入しようとして、捕まった事件があったのですよ」

スーパータカオさんが呆れました。

「とんでもないですね！ なんでLSDなんかを？」

「犯人たちは、『ダムの水を飲んだ住民の多くはLSDによって気が狂ってしまうだろうが、そのうちの何人かは、意識が覚醒するに違いない！』と言ったのだよ。狂信的なカルト集団だったかもですな」

「オウムとかも、同じようなことしてましたよね。でも、LSD飲んだだけじゃ、意識が覚醒するなんてないと思いますよ。やはり、精神的な在り方が大事ですよ」

「たしかに、LSDによって変性意識を体験する可能性はあるが、それは大変危険なのですよ。そんな危険な方法など、必要ないのです。人間の脳の中には、変性意識を体験するために必要な、DMTという純正の神経伝達物質があるのだからね」

クラウズさんが咆哮しました。

「そのためのハチミツとクリスタル・ボールですよっ！ アベッハ皇帝の勅命を受けて、大量に持ってきましたっ！ すべてはアベッハ皇帝のためにっ！」

むやみに元気ハツラツのクラウズさんです。

すると、スーパータカオさんが言いました。

「実は僕、今回持ってきたクリスタル・ボールに新たなる力を搭載したんですよ。タケシさん製作の**バランスエッグ**です」

「なんですと！　バランスエッグを！」

今回のワークでは、私のクリスタル・ボールを運ぶのが困難だったので、スーパータカオさんのクリスタル・ボールを使用する予定なのです。

スーパータカオさんは、密かにバランスエッグでクリスタル・ボールをチューンアップしていたのですよ。

バランスエッグというのはですな。

友人のタケシさんが開発した**オカルト・グッズ**なのですよ。

特殊な図形や素材を組み合わせ、車などに装着すると、燃費改善が期待できるのです。

私も実験してみましたが、たしかに成果があったのですよ。私のCR‐Zにつけた時は、燃費がリッター一八キロからリッター二四キロまで上がったのでした。

バランスエッグは、マン＆マシン・システムなのですよ。**人の意識と連動して機能する異次元テクノロジー**なのです。

スーパータカオさんが言いました。

「人の意識と連動して機能するのだから、クリスタル・ボールにも効果があるはずですよ」

「それは、ぜひとも試す価値がありますな」

すると、クラウズさんが咆哮しました。

「バランスエッグ搭載のクリスタル・ボールと、クリスタル・チューンしたハチミツで、みんなの意識を覚醒させますっ！　すべてはアベッハ皇帝のためにっ！グユッ！」

咆哮しながら、彼はオモチャのアヒルを鳴らしました。このオモチャは、彼のお気に入りなのですよ。

なぜ今、「マヤ暦」なのか？

愛媛では、ワークショップの主催者ＹＡＥさんが、我々を待ち構えていました。

「マヤ暦では、私は『黄色い人』になるのです！」

黄色い人ですか？……頭の中で、ＮＨＫの「ストレッチマン」を思い描いたケルマさんでした。ちなみに、ストレッチマンを演じた人は、近所に住んでいた私の同学年です。

ＹＡＥさんは、マヤ暦を学んでいるグループの方なのですよ。

そういえば、最近、マヤ暦を学ぶ女性が多いですな。この流れは、偶然ではないのです。

いつも私が話すことですが、人類の集合無意識は、多くの人の精神的活動として現れてくるのですよ。

マヤ暦は、異世界からやってきた存在からもたらされた、**この宇宙に関する運行法則の知識**です。太古の昔、この地球には、異世界からやってきた存在たちによって、さまざまな知識がもたらされたと主張する研究者たちがいますな。

おもしろいことに、霊能者として有名なエドガー・ケイシーの知識も、この異世界の存在からもたらされているというのです。

人類の文明の発生には、この存在たちが関わっているというのですよ。

シュメール、インダス、マヤ、アトランティス、黄河など、古代の地球において、別々の文明が発生したように思われてますがね。もしかすると、それらは関係しているのかもしれません。マヤ暦はその一部で、とくに、宇宙の運行法則を表しているのです。

では、なぜ今マヤ暦なのか？

簡単に言うとですな。人類が今、**新しい進化のステージに乗るかどうかの瀬戸際**だからなのですよ。

田舎ではね、電車は数時間に一本です。

乗り遅れないように、時刻表を見て、確認するじゃあないですか。

それと同じなのですよ。

乗り遅れて、延々と同じ繰り返しをするのではなく、新しい進化のステージに向かう人が増えつつあるのかもですな。

YAEさんが咆哮しました。

「ほ～っほっほっほ！ 私は黄色い人なのよっ!!」

なんというか……キャラが濃いですな……。

たくさんの人が、私の仕事をサポートしてくれているのですがね。みな、キャラが濃い人たちなのです。


彼女たちは**焦点**なのです。周囲の人に影響を与え、情報を拡散する存在なのですよ。

ユング心理学のアーキタイプで言うと、巫女。日本的に表現するとアメノウズメですな。魔女、霊媒、シャーマン、呼び方は何であれ、彼女たちは目に見えないところで、世界に影響を与えるのです。私の仕事は、彼女たちによって成り立っているのですな。

「ほ～っほっほっほ！ とにかく、楽しかったら何でも良いのよ！」

「グユッ！」

クラウズさんが、オモチャのアヒルを鳴らしました。とても、過去に鬱で死にかけていた人には見えませんな。やがてワークがはじまりました。

バランスエッグ搭載のクリスタル・ボールは、素晴らしく透き通った響きでしたよ。クリスタル・ボールとハチミツを使った波動攻撃を敢行した我々三人は、その夜、ＹＡＥさんたちとご飯を食べながら話したのです。

我々は中二病の超常戦士

私はこう語りました。

「正直な話、なぜ我々が今、こんなふうにあちこち動き回り、集まっているのか？　我々もあなたがたも、よくわかってはないはずですよ。ただ、そうしたいから動き回っているのです。私自身はね、～会とか～派とかに一切属さない人なのです。どこの団体やグループにも属さないのですよ。めんどくさいからね。したがって、誰も私に属する必要はないのです。

ただ、今の世界は変化しないといけない時にきてしまっているのだと思うのですよ。だから無意識のうちに、いろんな人が動いているのかもしれませんな。目に見えないところで、大きな何かが動いているのです」

その瞬間、クラウズさんのオモチャのアヒルが、触れてもないのに、勝手に鳴りだしました。

「グユッ！グユッ！グユッ！グユッ！グユッ！グユッ！グユッ！グユッ！グユッ！……」

それは、何もしてないのに、ひたすら鳴り続けたのですよ。

「ケルマさん！こ、こりゃあ、一体⁉」

みなさんが心の中で思い、感じることが正しい答えなのですよ。私に聞く必要などないのです。

「**我々は超常戦士**なのですよ！超常戦士とは何か？それは、この世界の常を超えようとする、自発的な精神なのです。社会や周囲に合わせるのではなく、誰に言われるわけでもなく、自分自身の内側から出てくる精神なのだよ。**必須条件は中二病**ですな。中二病とは、父母や環境、さらには社会の影響からも独立している魂なのだよ！」

愛媛を後にして、超常戦士たちは次のミッションに向かったのです。

超常戦士（中二病）のワーク

禅の問答に、「お前の父母が生まれる前のお前を持ってきなさい」というのがあるのです。答えは「真我」。父母や社会の影響を受けない「我」つまり、魂ですな。魂を定義するとしたら、それは「環境化されない自己」なのです。幼い時は父母の影響を受け、社会に出てからは社会の影響を受けてしまうのですな。父母の影響からも、社会の影響からも解き放たれる魂、それが中学二年生の時期に患うと言われる中二病なのですよ。

◎ 中二の時のあなたを持ってきなさい。

◎ 中一～中三の時に、夢中になったことや、好きだったアニメ、本、マンガ、遊び、趣味、音楽、アート、すべて書き出しなさい。

「カコ～ン！」想像上の鹿威しの音。

おわりに

本書を最後までご覧いただきありがとうございました。最後にひとつだけ。

三国志の主人公は、劉備玄徳ですな。実は劉備玄徳、常識にとらわれない、いわゆる「バカ」なのですよ。劉備玄徳より頭の良い諸葛孔明とか、強い張飛とかいるのですがね。主人公は劉備玄徳なのです。なぜならば、彼にはビジョンがあるのですな。

「私は、民がすべて平和に暮らせる国を造る！」

この口に出すのも恥ずかしいような、幼稚なビジョンが最重要なのです。

近年、このビジョンを大いに語った人物が、アニメ『秘密結社 鷹の爪』の主人公、総統です！ 10年前、このアニメを見たとき、「これはスゴい！」と、私は感動しましたね。主人公の総統は、バカなのですよ。しかし、総統の描く壮大なビジョンは、人類が向かうべき最重要事項なのです。

総統は、どんなビジョンを語ったのか？ それは、ぜひ、アニメを楽しんでいただければと思いますが、とにかく、バカの語る未来のビジョンが、世界を作るのですよ。

イラスト　ケルマデック
デザイン　白畠かおり
校正　深澤晴彦
DTP　青木佐和子
編集　御友貴子

あらゆる人生に奇跡を起こす不思議な物語
超常戦士ケルマデック

著　者　ケルマデック
2018 年 5 月 22 日　初版発行
2023 年 11 月 1 日　7 刷発行

発行人　齊藤晴都恵
発行所　MAP出版株式会社
〒 273-0032
千葉県船橋市葛飾町 2-380-2 5F
TEL047-411-9801

発売所　株式会社星雲社
〒 112-0005
東京都文京区水道 1-3-30
TEL 03-3868-3275

印刷・製本　株式会社シナノパブリッシングプレス

ISBN 978-4-434-24716-3　C0095